新媒体时代图书馆管理与服务创新研究

张娇 著

吉林摄影出版社

·长春·

图书在版编目（CIP）数据

新媒体时代图书馆管理与服务创新研究 / 张娇著.
长春：吉林摄影出版社，2024.11. -- ISBN 978-7
-5498-6444-7

Ⅰ. G251；G252

中国国家版本馆 CIP 数据核字第 2024CF5435 号

新媒体时代图书馆管理与服务创新研究
XINMEITI SHIDAI TUSHUGUAN GUANLI YU FUWU CHUANGXIN YANJIU

著　　者	张　娇
出 版 人	车　强
责任编辑	李　冰
封面设计	瑞天书刊
开　　本	710mm×1000mm　1/16
字　　数	192 千字
印　　张	10.75
版　　次	2025 年 1 月第 1 版
印　　次	2025 年 1 月第 1 次印刷

出　　版	吉林摄影出版社
发　　行	吉林摄影出版社
地　　址	长春市净月高新技术开发区福祉大路 5788 号
	邮编：130118
电　　话	总编办：0431-81629821
	发行科：0431-81629829
印　　刷	济南文达印务有限公司

ISBN 978-7-5498-6444-7　　　　　　　　　　　定价：58.00 元
版权所有　　侵权必究

前　言

随着科技的飞速发展和信息社会的崛起，新媒体时代正深刻地影响着人们的生活方式、知识获取途径以及文化传播方式。在这个充满变革和机遇的时代，图书馆作为传统文化机构的代表，也在不断适应和创新，以更好地满足现代社会的知识需求和文化体验。本书呼应了这一背景，聚焦于图书馆在新媒体时代面临的挑战和机遇，探讨了如何在管理与服务方面进行创新，以更好地满足用户的多元化需求。

本书的研究主题紧密围绕着新媒体对图书馆的影响以及图书馆如何应对这一影响进行创新。新媒体的崛起改变了人们获取信息的方式，从传统的纸质阅读逐渐转向数字化阅读和在线信息检索。这不仅使得信息变得更加便捷和广泛，也带来了信息过载、信息真实性等新的问题。同时，社交媒体的兴起让文化传播更具互动性和社会性，使得图书馆不仅仅是知识存储的场所，更是知识共享和社交的平台。在这种背景下，图书馆需要不断调整自身的定位，开展创新的管理与服务，以更好地满足用户的需求。

本书聚焦于图书馆管理与服务创新，从宏观和微观两个角度进行了深入的探讨。宏观视角下，图书馆作为社会文化机构，需要与社会的变革相协调。如何在信息爆炸的环境中挖掘、整合和传播有价值的信息，如何利用新媒体提升图书馆的影响力和社会价值，成为了一个重要课题。同时，图书馆还需跨界合作，借助跨学科的力量解决问题，提供更全面、多元的服务。另一方面，微观视角下的图书馆管理创新，则更加关注内部的运营机制和服务模式。数字化的进步使得图书馆能够更好地管理资源、提供服务，但也需要面对数字化素养不足、信息隐私等问题。图书馆需要通过数字化技术，提供更个性化、多元化的服务，不断提升用户体验和满意度。

在本书的研究过程中，我们深入剖析了图书馆在新媒体时代所面临的挑战与机遇。我们尝试从不同的角度出发，探讨了图书馆在管理与服务创新方面的方法和策略。我们相信，通过这些研究，我们能够为图书馆在新媒体时代的发展提供有益的思路和启示。我们希望，本书能够成为图书馆从业人员、研究者和决策者的重要参考，为他们在图书馆管理与服务创新领域提供有益的指导。

总之，新媒体时代图书馆管理与服务创新研究不仅是对图书馆发展的关键探讨，更是对整个社会文化传播模式的思考。我们期待本书能够为读者提供全面、深入的理解,促使图书馆在新媒体时代持续创新、发展壮大。通过多方合作、不断尝试,我们相信图书馆能够在新媒体时代中焕发出新的光彩,为人们的知识获取和文化体验带来更多的便利和愉悦。

目 录

第一章 绪论 ... 1
第一节 现代图书馆的发展管理创新 ... 2
第二节 网络环境下公共图书馆的发展趋势 ... 7
小结概述 ... 10

第二章 新媒体对大众阅读行为的影响 ... 12
第一节 大众阅读行为概述 ... 13
第二节 新媒体对大众阅读行为的冲击 ... 15
第三节 新媒体时代大众阅读行为的嬗变 ... 17
第四节 新媒体在大众阅读推广中的作用 ... 20
小结概述 ... 23

第三章 图书馆的服务 ... 25
第一节 图书馆的服务 ... 25
第二节 图书馆服务的特点和内容 ... 30
第三节 图书馆服务的原则 ... 34
第四节 图书馆服务的发展趋势 ... 37
小结 ... 39

第四章 新媒体技术在图书馆服务中的应用 ... 41
第一节 网络媒体在图书馆服务中的应用 ... 42
第二节 手机媒体在图书馆服务中的应用 ... 45
第三节 数字电视在图书馆服务中的应用 ... 56
小结概述 ... 64

第五章 现代图书馆管理 ... 65
第一节 图书馆管理 ... 65
第二节 图书馆管理的策略和原则 ... 67
第三节 图书馆管理的方法和模式 ... 75
第四节 图书馆的管理环境与职能 ... 77
第五节 现代图书馆的规划管理 ... 82
小结概述 ... 83

第六章 图书馆管理的基础理论研究 ... 84
第一节 图书馆管理概念的相关研究 ... 84

第二节　图书馆管理原理的相关研究 ... 91
第三节　我国现代图书馆管理体系建设研究 ... 92
小结概述 ... 97

第七章　新媒体时代图书馆管理研究 ... 99
第一节　新媒体时代图书馆的多平台建设 ... 99
第二节　新媒体时代图书馆危机管理 ... 101
第三节　新媒体时代公共图书馆读者管理优化 ... 102
第四节　新媒体时代公共图书馆信息化管理 ... 106
小结概述 ... 110

第八章　新媒体时代图书馆信息服务 ... 112
第一节　图书馆信息服务及信息传播模式的改变 ... 113
第二节　新媒体对图书馆信息服务方式的影响与现状 ... 116
第三节　新媒体环境下图书馆信息服务的发展措施 ... 117
小结概述 ... 121

第九章　公共图书馆新媒体服务质量评价研究 ... 123
第一节　图书馆服务评价概述 ... 124
第二节　公共图书馆新媒体服务质量影响因素分析 ... 130
第三节　公共图书馆新媒体服务总结与展望 ... 137
小结概述 ... 138

第十章　新媒体时代图书馆服务创新研究 ... 139
第一节　图书馆服务理念的创新 ... 140
第二节　基于图书馆信息咨询的服务创新 ... 146
第三节　基于图书馆书目数据社会化应用的服务创新 ... 151
第四节　基于图书馆公共文化的服务创新 ... 153
小结概述 ... 154

第十一章　新媒体时代图书馆管理创新研究 ... 156
第一节　图书馆管理创新理念 ... 157
第二节　宏观视域下的图书馆管理创新研究 ... 158
第三节　微观视域下的图书馆管理创新研究 ... 159
第四节　数字图书馆与图书馆管理创新研究 ... 160
小结概述 ... 161

参考文献 ... 163

第一章　绪论

　　随着信息技术的迅速发展和新媒体的兴起，图书馆作为知识传播和信息服务的中心，正面临着前所未有的挑战和机遇。本书旨在深入探讨新媒体时代下图书馆管理与服务的创新，从而推动图书馆在数字化时代中不断发展和演变。新媒体的涌现不仅改变了人们获取信息和交流的方式，也对图书馆的角色和职能提出了新的要求。因此，本书的研究内容涵盖了多个层面，从技术应用到服务模式，从用户体验到信息素养，力图为图书馆管理者、从业人员以及研究者提供全面的视角和有益的启示。

　　随着数字化和网络化的快速发展，图书馆已不再仅仅是传统纸质藏书的聚集地，而是信息资源的整合平台和知识传播的创新实验室。在这一变革的背景下，图书馆管理者需要紧密关注新媒体技术的趋势和发展，以更好地适应变化并提供多元化的服务。

　　在新媒体时代，数字化馆藏、知识管理、数据挖掘等技术正在深刻地影响着图书馆的管理模式。本章将探讨这些技术如何改变图书馆内部的组织结构、流程和资源配置，以提升效率和服务质量。

　　通过社交媒体、移动应用、虚拟现实等新媒体工具，图书馆可以更广泛地与用户互动，提供个性化的信息服务。本章将探讨如何利用新媒体手段创新图书馆的服务模式，满足用户多样化的需求。

　　新媒体时代，信息获取和处理的能力对于个人至关重要。图书馆作为信息的提供者和指导者，应当致力于提升用户的信息素养，使其更加熟练地利用新媒体技术。本章将探讨如何通过培养用户的信息素养，增强其对图书馆的依赖和信任。

　　新媒体技术的应用不仅带来了便利，也引发了隐私保护、数字资源可访问性等一系列问题。图书馆管理者需要在创新中保障用户的合法权益，并思考如何在新媒体时代遵循伦理原则。

　　本书将深入探讨新媒体时代下图书馆管理与服务的创新，通过多维度的分析和案例研究，为图书馆事业的发展提供新思路和实践经验。旨在引领图书馆界迈向数字化、智能化的未来，更好地满足社会信息需求，为知识传播和文化传承贡献力量。

第一节　现代图书馆的发展管理创新

随着信息技术的快速发展、数字化时代的来临，现代图书馆正在经历前所未有的变革，图书馆管理也在不断创新与进化。本章将围绕"现代图书馆的发展管理创新"这一主题，从数字化转型、创新服务、人才培养以及社会影响等方面进行探讨，以全面展示现代图书馆的多样化发展路径。

一、数字化转型与信息科技应用

数字化转型是现代图书馆发展的关键动力。数字化技术为图书馆带来了数字化馆藏、数字资源管理、数字化服务等新机遇。例如，数字图书馆的建设允许用户在线访问和借阅电子书籍、期刊，以及浏览数字档案，有效地扩展了读者的资源获取范围。数字资源管理系统的应用，则提高了图书馆内部资源的组织和检索效率。此外，人工智能、大数据等信息科技也开始在图书馆管理中应用，如利用数据挖掘技术进行读者阅读习惯分析，从而更好地满足用户需求。

二、创新服务模式与用户体验

现代图书馆将服务创新作为发展的核心。服务不再局限于传统的借还和阅读，而是逐渐多元化和个性化。创客空间的建设使用户能够参与创意和实验性活动，社区活动则增加了图书馆的社交功能。数字化时代，图书馆正积极探索虚拟现实、增强现实等技术的应用，提供更具沉浸感的阅读体验。用户体验被重视，图书馆通过用户反馈和数据分析，优化布局设计、服务流程，提高用户满意度。

三、现代图书馆管理创新服务模式与用户体验

现代图书馆管理正面临着不断变化的用户需求和科技发展的挑战。为了适应这些变化,图书馆不断探索创新的服务模式,提升用户体验,使其更具吸引力和实用性。

创新数字化服务:现代图书馆积极开展数字化服务,提供在线图书借阅、数字资源访问、在线学习等服务。通过建设数字资源平台,用户可以随时随地访问图书馆的电子书、期刊、数据库等,实现了便捷的信息获取。

个性化推荐:借助数据分析和人工智能技术,现代图书馆可以根据用户的阅读历史、兴趣爱好等,提供个性化的图书推荐。这种服务模式不仅提高了用户发现新书的可能性,也增强了用户与图书馆的互动。

虚拟学习空间:创新的学习空间不再只是书架和阅览室,还包括虚拟学习空间。通过虚拟实验室、在线学习平台等,用户可以在图书馆内体验更丰富的学习资源和工具,提升了学习体验。

制定创客空间:现代图书馆创设了创客空间,为用户提供创意和创新的环境。在这些空间中,用户可以使用3D打印机、激光切割机等工具,开展创意制作活动,拓展了图书馆的功能和服务范围。

互动社交活动:图书馆不再只是安静的学习场所,还举办各种互动社交活动。读书俱乐部、书法班、主题讲座等活动吸引了用户的参与,创造了更多交流和合作的机会。

移动应用和社交媒体:图书馆积极开发移动应用,让用户可以随时随地访问图书馆资源、参加活动等。同时,社交媒体的运用也将图书馆的信息传播范围扩展到更广大的用户群体。

强化数字素养培训:图书馆通过举办信息素养和数字技术培训,帮助用户提升信息搜索、筛选、评估的能力,提高信息的利用价值。

提供多媒体资源:现代图书馆不仅提供文字类资源,还提供音频、视频等多媒体资源。这种多样性的资源可以更好地满足不同用户的需求,提升用户体验。

强化用户参与:现代图书馆管理注重用户参与的角色。用户意见的征集、用户活动的策划等,都使用户感到自己在图书馆中有话语权,增强了他们的参与感和满意度。

实现无障碍服务:图书馆致力于提供无障碍服务,让各类用户都能够轻松使用图书馆资源。这包括无障碍设施、辅助技术等,使图书馆更加包容和

友好。

现代图书馆管理通过创新服务模式,积极提升用户体验。数字化服务、个性化推荐、虚拟学习空间等为用户提供了更多便捷、多样化的选择。图书馆不再是传统的静态场所,而是积极互动、创新服务的社区。通过持续的创新和改进,现代图书馆管理将持续为用户提供更优质的服务体验,满足他们多元化的需求。

四、人才培养与专业发展

图书馆管理创新离不开人才支持。现代图书馆要培养具备信息科技、管理和服务能力的综合性人才。人才培养既包括知识技能的培训,也包括职业道德和服务意识的塑造。图书馆学科的教育培训体系应不断完善,使从业人员能够跟上时代发展。同时,提供专业发展的机会,如参与国际学术交流、职业培训等,激发人员持续学习的动力。

五、社会影响与公共知识普及

现代图书馆不仅是信息传递的载体,更是社会影响的力量。图书馆在文化传承、教育普及等方面具有不可替代的作用。图书馆可通过主题展览、讲座、读书推广等方式,引导公众关注社会问题、科学发展,推动知识普及。特别是在数字鸿沟逐渐缩小的今天,图书馆能够通过数字资源的共享,促进社会公众的信息获取和学习。

现代图书馆不仅仅是书籍的仓库,更是社会的智慧库和文化传承者。通过合理的管理策略和创新服务模式,现代图书馆可以促进社会影响的积极发展,以及公共知识的广泛普及。

现代图书馆管理注重多样性,不仅提供传统的图书、期刊,还整合了数字资源、音频、视频、虚拟实验室等多媒体内容。这种多样性不仅满足了不同用户的需求,也使得知识的获取途径更加灵活。用户可以通过图书馆获得丰富的信息,进而提高其综合素质。

现代图书馆不再是安静的阅读场所,更是创新的学习社区。管理者通过开设创客空间、数字化资源培训、主题展览等方式,创造了积极互动的学习环境,激发了用户的学习兴趣。创新的服务模式如个性化推荐、智能问答等,提升了用户体验，让知识获取更加高效便捷。

现代图书馆不仅仅是知识的仓库，还是社会活动和文化传承的场所。通过举办各种讲座、展览、文化活动等，图书馆成为了社会文化的推动者。这些活动不仅丰富了用户的精神生活，也推动了社会的文化繁荣。

现代图书馆致力于与社区紧密合作，促进社区的参与和公共教育。图书馆不仅提供图书借阅，还为社区居民提供各种培训、讲座等，提升居民的素质和技能。通过与社区的互动，图书馆成为社会的智囊和参与者。

现代图书馆管理将数字化资源的共享作为重要任务。通过数字化平台，图书馆可以将自身资源与其他图书馆、机构共享，实现信息的跨界传播。这不仅拓宽了用户的知识视野，也促进了社会知识的共享和传播。

现代图书馆管理充分利用科技创新，将数字化传播作为核心手段。通过社交媒体、移动应用等方式，将图书馆的服务推送到用户的手机、电脑上，增强了公众的互动和参与度。这种数字化传播方式使得图书馆的影响力不再局限于实体空间。

现代图书馆不仅关注高等教育人群，也注重公众知识普及和信息素养的提升。通过开展各种培训、讲座等，向社会传授信息技术的使用技巧和知识获取方法，帮助公众更好地适应信息时代。

图书馆不仅关注当前的需求，也考虑未来的发展。通过环保措施、社会公益活动等方式，积极履行社会责任，为可持续发展做出贡献。

图书馆不仅是知识的传递者，更是社会的参与者和推动者。通过合理的管理和创新的服务，现代图书馆在社会中发挥着积极的作用，为文化传承、知识普及和社会发展做出了重要贡献。

六、可持续发展与环保理念

可持续发展已成为全球共识，图书馆也在这一理念下进行创新。环保图书馆的建设，注重资源的合理利用，如电子化办公、数字化服务等，减少了纸张和能源的浪费。图书馆还可以通过举办环保主题活动、推广绿色生活理念，传递可持续发展的价值观。

现代图书馆管理创新是一个不断推进的过程，随着科技进步、社会需求的变化，图书馆将持续探索更多创新路径。数字化技术的融入、服务模式的多元化、人才培养的加强，将进一步提升图书馆在社会中的地位和影响力。同时，图书馆还应加强国际交流与合作，吸收全球的优秀经验，为未来的图书馆管理创新提供更广阔的视野和发展空间。

现代图书馆的发展管理创新是多个领域紧密交织的综合性工程。通过数字化转型、创新服务、人才培养、社会影响等方面的努力，现代图书馆将不断适应社会需求，引领文化智力发展，为社会提供更多元、更便捷、更有质量的知识服务。

七、跨界合作与社区融合

现代图书馆不再是孤立的实体，而是积极寻求与其他机构的合作，实现跨界融合。与学校、社区、文化机构等的合作，丰富了图书馆的资源和服务内容。例如，与学校合作，开展阅读推广和教育活动；与社区合作，举办社会文化活动，强化社区凝聚力。这种合作不仅扩大了图书馆的影响力，也提高了社会资源的整合程度。

八、智慧图书馆建设与智能化服务

随着物联网、人工智能等技术的发展，智慧图书馆正成为未来的发展方向。智慧图书馆通过感知技术、大数据分析等手段，实现对馆内读者流动、馆藏使用情况等信息的实时监测和分析。基于这些数据，图书馆可以更准确地调整资源配置，提供更符合读者需求的服务。此外，智能机器人、语音识别等技术的应用，也让图书馆的服务更加智能化和便捷化。

九、多元文化和国际交流

随着全球化的加速，图书馆逐渐成为传播多元文化的平台。图书馆可以举办国际文化展览、文化讲座，促进不同文化间的交流与理解。国际交流也是图书馆发展的重要一环，通过与其他国家的图书馆合作，共享资源、经验和技术，提升自身的管理水平和服务质量。

十、数据隐私保护与伦理观念

在数字化时代,图书馆必须面对数据隐私保护与伦理观念的挑战。图书馆管理创新应当兼顾数据的开放性与读者的隐私保护,确保数据的安全存储和合法使用。伦理观念也需要被强化,例如,在数字资源管理中,确保作者权益得到充分尊重。

十一、社会责任与可及性推广

作为社会知识和文化传承的守护者,图书馆肩负着重要的社会责任。图书馆管理创新不仅要关注高端用户的需求,也应该将服务拓展至弱势群体和偏远地区。通过移动图书馆、社区分馆等方式,提高图书馆服务的可及性,促进社会公平。

虽然现代图书馆在发展管理创新方面取得了巨大进步,但也面临着一系列挑战。信息爆炸和信息真实性问题,技术更新速度和人才培养的不足,数字鸿沟和隐私保护等问题都需要引起足够的重视。在面对这些挑战的同时,图书馆将继续保持创新的动力,不断突破传统,走向智能、数字化、社区化的现代化之路。

现代图书馆的发展管理创新正处于一个多方位、多层次的拓展阶段。数字化、创新服务、人才培养、社会影响、可持续发展等方面的创新,将使图书馆成为知识传播、文化交流和社会融合的核心平台。随着科技与社会的不断变革,图书馆仍将面临新的机遇和挑战,但无疑,它们将继续在知识普及、文化传承和社会发展中扮演着重要角色。

第二节 网络环境下公共图书馆的发展趋势

随着信息技术的快速发展,公共图书馆正迎来前所未有的发展机遇和挑战。在网络环境的影响下,公共图书馆正在经历着从传统向数字化、智能化转型的过程。本章将围绕"网络环境下公共图书馆的发展趋势"这一主题,从数字化转型、创新服务、资源共享、用户体验、人才培养等方面进行探讨,以全面展示公共图书馆在网络时代的发展轨迹。

数字化转型与智能化服务：公共图书馆正积极推动数字化转型，将纸质馆藏转变为数字资源，使其能够在线访问和利用。数字图书馆的建设不仅拓宽了图书馆的服务范围，还提高了资源的利用效率。此外，智能化服务逐渐成为发展趋势。人工智能、大数据等技术的应用，使得图书馆能够通过个性化推荐、智能问答等方式更好地满足用户需求，提升用户体验。

创新服务模式与多媒体学习环境：在网络环境下，公共图书馆的服务模式正不断创新。除了传统的阅读服务，图书馆正逐步拓展更多元化的服务，如创客空间、数字资源培训、在线学习等。尤其在多媒体学习环境下，图书馆可以通过虚拟实验室、在线课程等方式，为师生提供更丰富的学习资源和交流平台。

数字资源共享与合作：网络环境为公共图书馆提供了更广泛的资源共享和合作机会。通过数字资源平台，图书馆可以实现资源共享，将自身馆藏与其他图书馆进行共享，丰富了使用客群的学术资源。同时，图书馆间也可以进行合作，共同举办学术讲座、主题展览等活动，提升整体服务水平。

用户体验与个性化服务：在网络环境下，用户体验成为图书馆发展的核心。公共图书馆正借助技术手段，提供更智能、个性化的服务。通过数据分析，图书馆可以了解用户的兴趣和需求，从而进行精准的推荐和服务。同时，移动应用的发展也使得图书馆的服务更加便捷，用户可以随时随地访问图书馆资源。

开放式知识创新与学术合作：在网络环境下，公共图书馆正不断促进开放式知识创新和学术合作。数字化资源的共享使得跨学科的合作更加便捷。图书馆可以通过举办学术研讨会、学术沙龙等活动，促进学者之间的交流与合作，推动学术研究的发展。

人才培养与学习支持：公共图书馆的发展离不开专业人才的支持。人才培养成为图书馆管理的重要方面。图书馆应加强图书馆学科的培养，培养具备信息技术、管理和服务能力的综合性人才。同时，图书馆也应为师生提供学习支持，如信息素养培训、学术写作指导等，提升他们的学术研究能力。

面向全球的合作与交流：网络环境使得公共图书馆的合作与交流不再受限于地域。图书馆可以通过数字平台与国内外其他图书馆进行合作和交流，共享资源、经验和技术。国际学术交流和合作也能够促进公共图书馆的国际影响力和学术地位。图书馆可以参与国际学术会议、合作研究项目等，积极推动国际间的学术交流。

数据隐私保护与伦理观念：在网络环境下，数据隐私保护和伦理观念愈发重要。公共图书馆需要在数字化转型的过程中，注重用户数据的隐私保护，确保用户信息不被滥用。同时，图书馆还需强化伦理观念，尊重知识产权，遵循学术道德规范。

可持续发展与社会责任：公共图书馆的发展也需要考虑可持续性。在数字化环境下，图书馆应注重资源的合理利用和环保意识。可持续发展不仅体现在资源管理上，还包括图书馆的社会责任。图书馆可以通过举办公益活动、社区服务等方式，为社会做出贡献。

面向未来的展望与挑战：公共图书馆在网络环境下的发展虽然充满了机遇，但也面临着一系列挑战。信息安全问题、信息真实性问题、数字鸿沟等问题需要引起足够的重视。同时，技术更新速度快，人才培养需求大，图书馆需要不断更新知识和技能，以适应发展需求。

跨界融合与社区参与：在网络环境下，公共图书馆正积极寻求与其他领域的跨界融合。与教育部门、文化机构、科研机构等的合作，丰富了图书馆的资源和服务内容。特别是与社区的合作，使公共图书馆成为社区居民获取知识、文化、娱乐的重要场所。社区参与不仅促进了图书馆的社会影响力，也将图书馆与社会更加紧密地联系在一起。

虚拟现实与增强现实应用：随着虚拟现实（VR）和增强现实（AR）技术的不断成熟，公共图书馆也开始将其应用于服务和学习领域。通过虚拟现实技术，图书馆可以创造出沉浸式的阅读环境，让用户更深入地了解学术内容。增强现实技术则可以将数字信息与真实环境相结合，为用户提供更丰富的信息体验，如利用 AR 扫描书籍封面，获取更多相关资源。

社交媒体和移动应用：社交媒体和移动应用已经成为人们日常生活的一部分，公共图书馆也在积极利用这些工具进行服务和传播。图书馆可以在社交媒体上发布图书推荐、活动信息，吸引更多师生关注。同时，移动应用使得用户可以随时随地访问图书馆资源，进行在线借阅、阅读等操作，提升了服务的便捷性和可及性。

跨界数字化合作与资源整合：公共图书馆在网络环境下，可以与各行各业进行数字化合作和资源整合。与出版商、图书馆学科专家、科研机构等的合作，可以丰富图书馆的资源库。数字化资源的整合使得公共图书馆可以更好地服务师生的学术研究和教学活动。

公共图书馆在网络环境下的发展充满了前景，但也需要面对未来的挑战。在信息爆炸的时代，图书馆需要保证信息的真实性和可靠性。同时，用户隐私保护和版权问题也需要得到足够的关注。为了实现可持续发展，公共图书馆还应该不断提升服务水平，满足师生的多样化需求，加强自身的创新和学习能力。

网络环境下公共图书馆正面临着深刻的变革和创新。数字化转型、创新服务、资源共享、用户体验、人才培养等方面的发展趋势，将使公共图书馆在网络时代展现出更多活力和创造力。公共图书馆将不仅仅是资源的保存和传递者，更是知识的创造和交流中心，为教育、科研和社会发展提供坚实的支持。未来，公共图书馆将继续积极创新，迎接更多挑战，为知识社会的建设贡献力量。

公共图书馆将继续以用户为中心，不断创新，适应时代的发展，为师生提供更优质的知识服务，助力高等教育的进一步发展。同时，公共图书馆也将继续担负着传承文化、推动知识创新的重要使命，成为学术研究、学习教育、社会服务的重要支撑。

小结概述

现代图书馆在不断变革的时代背景下，通过创新的管理策略和服务模式，塑造积极的社会影响，并推动公共知识的广泛普及。图书馆管理在面对信息技术迅猛发展、用户需求多样化的挑战时，经历了从传统到数字化、智能化的转型，以提升用户体验为核心，构建了多层次的服务体系。

现代图书馆的发展管理创新是其积极社会影响的基础。从多样化资源与服务、创新学习环境和服务模式、社区参与与文化传承等角度看，图书馆不再仅仅是知识的仓库，而是以用户为中心，打造了具有社交、学习和创造特性的智慧社区。数字化转型使图书馆拥有丰富的数字资源，个性化推荐和虚拟学习空间提升了用户体验，创客空间和互动社交活动激发了用户创新意识和社交需求。这种发展管理创新使图书馆成为全新的社会参与者，推动着知识传播和文化传承的进程。

网络环境下公共图书馆的发展趋势更是进一步加强了这种积极影响。公共图书馆积极推动数字化转型，数字化资源共享和合作、个性化服务、创新学习环境等，为师生提供了更广阔的学习和研究空间。而面向全球的合作与交流、跨界融合和社区参与，更加突显了图书馆在社会中的积极作用。通过科技创新和数字化传播，公共图书馆不仅服务内部师生，还与社会更广泛地互动，提供公共知识普及和社会教育的重要平台。

综合而言，现代图书馆管理在不断创新的过程中，通过数字化转型、创新服务模式和积极的社会参与，推动了图书馆积极的社会影响和公共知识普及。图书馆已从传统的阅读场所演变为智慧的学习社区，其发展融合了图书馆管理概述、现代图书馆的发展管理创新以及网络环境下公共图书馆的发展趋势，为知识传播、文化传承和社会发展做出了重要贡献。

第二章　新媒体对大众阅读行为的影响

　　随着新媒体技术的飞速发展，人们的阅读行为正经历着深刻的变革。新媒体，如社交媒体、移动应用和数字出版物，不仅改变了阅读方式，还影响了阅读内容、习惯以及认知方式。本文将深入探讨新媒体对大众阅读行为的影响，从不同维度剖析这种影响的本质、趋势以及可能带来的挑战与机遇。

　　新媒体的出现使阅读方式更加多样化。传统纸质书籍仍然存在，但数字化出版物和在线阅读正在迅速崭露头角。人们可以在电子设备上轻松获取阅读材料，无论是新闻、杂志、小说还是学术论文。这种多样性为读者提供了更多的选择，满足了不同阅读偏好的需求。

　　新媒体让信息传播变得迅速而实时。社交媒体、新闻应用等提供了即时的信息更新，使人们能够随时随地了解最新的事件和知识。然而，这也可能导致过于频繁的信息刷新，使人们更关注碎片化的信息，从而影响了深入思考和长篇阅读的能力。

　　新媒体在许多方面塑造了人们的阅读习惯。社交媒体的阅读模式通常是浏览短文、图片或视频，这加强了用户对于简洁信息的依赖。然而，人们的阅读注意力趋于分散，难以持续关注深度阅读。

　　新媒体带来了更高的互动性和参与度。在社交媒体平台上，用户可以点赞、评论、分享，与他人交流和讨论阅读内容。这种社交化的阅读体验不仅丰富了阅读的层次，也使人们更加积极地参与到阅读过程中。

　　新媒体利用算法和人工智能技术，能够根据用户的兴趣和历史阅读行为，提供个性化的内容推荐。这在一定程度上节省了用户寻找合适信息的时间，但也可能使用户陷入信息"过滤泡泡"，只接触符合自己观点的内容，限制了多元化的阅读体验。

　　数字出版物的兴起为作者和读者创造了新的机会和挑战。自助出版平台和电子书市场的发展，使作者能够更容易地发表作品，但同时也带来了版权保护的问题。数字化内容的复制和传播变得容易，需要更加严格的版权管理和法律监管。

　　新媒体的碎片化特点可能影响人们的深度思考和阅读认知能力。长篇的深度阅读可能被快速阅读和信息碎片的习惯所取代，导致人们难以完整理解和消化复杂的知识内容。

新媒体对教育和自我学习产生了积极的影响。在线课程、学术网站和数字化教材的出现使得知识获取更加便捷。人们可以通过在线平台学习新技能、获取专业知识，实现自我提升和终身学习的目标。然而，这也需要读者具备一定的信息筛选和评估能力，以确保从海量信息中获取高质量的内容。

新媒体的兴起改变了信息传播的方式，加强了用户之间的社会互动。社交媒体上的评论、转发等行为可以迅速形成舆论，影响社会议题的发展。然而，这也可能导致信息的扩散不受控制，误导信息的传播，需要用户具备辨别真伪信息的能力。

新媒体的使用频率可能影响人们的身心健康。长时间盯着电子屏幕可能导致眼睛疲劳和失眠问题。而过多的碎片化信息可能使人感到压力增加，影响心理健康。因此，人们需要合理规划阅读时间，保护自己的健康。

随着新媒体的普及，个人信息隐私和数据安全问题也变得更加突出。用户在社交媒体上分享个人信息，需要注意隐私保护问题。同时，网络安全威胁和虚假信息的传播也需要引起足够的重视，以确保用户获取可信赖的信息。

总体而言，新媒体对大众阅读行为产生了深远的影响，既带来了便利和多样性，又引发了一系列的挑战。有效利用新媒体技术，可以提升阅读的便捷性、互动性和个性化体验，为人们的知识获取和学习提供更多机会。然而，也需要保持警惕，避免过度依赖碎片化信息，培养深度阅读和信息评估的能力。维护个人隐私和数据安全，关注阅读对身心健康的影响，以及积极参与舆论引导，都是在新媒体时代中不可忽视的重要问题。通过综合利用新媒体的优势，同时克服其潜在的弱点，我们可以更好地适应信息时代，实现知识获取与精神充实的平衡。

第一节　大众阅读行为概述

大众阅读行为是指社会各个群体在不同背景、需求和目的下，与书籍、期刊、报纸、数字资源等阅读材料互动的过程。这一行为涵盖了个体和社会层面的多个维度，涉及到文化、教育、娱乐、社会交往等诸多因素。透过不同维度的观察，我们可以深入理解大众阅读行为的复杂性和多样性。

阅读的目的多样性：大众阅读行为的首要目的各异。有些人阅读是为了获取知识和信息,满足学习和工作需求;有些人追求阅读的娱乐性,通过小说、杂志等寻找放松和愉悦;还有人将阅读作为一种文化体验,追寻经典文学和艺术作品。这种多样性的目的决定了不同人在阅读时的选择和行为。

阅读的内容选择:大众在阅读时的内容选择也反映出多样性。从学术研究到时事新闻,从小说故事到技能指南,人们的阅读内容因个人兴趣、职业需求和社会背景而异。随着数字化媒体的兴起,更多类型的内容,如社交媒体帖子、博客文章等,也成为了大众的阅读对象。

阅读的时间与频率:人们在日常生活中分配给阅读的时间和频率因人而异。有些人可能将大量时间用于专业学术阅读,而有些人则可能在碎片化的时间里浏览社交媒体。随着工作和生活的压力,人们的阅读时间和频率也在发生变化。

阅读的形式和媒介:阅读形式的多样性也影响了大众的阅读行为。传统纸质书籍、期刊、报纸仍然存在,但数字化媒体和互联网的兴起,使得人们可以通过电子书、在线文章、博客等不同媒介进行阅读。这也带来了更丰富的阅读体验和互动方式。

阅读的影响和效果:大众的阅读行为不仅仅是信息的获取,还会产生深远的影响和效果。阅读可以拓宽人们的知识视野,增加文化素养,提升思维能力。同时,阅读也可以引发人们的思考、讨论和社会行动,对个体和社会产生积极影响。

数字化时代的变革:随着数字化媒体的普及,大众阅读行为正经历着变革。电子书、在线新闻、社交媒体等数字化媒体改变了阅读的形式、时间分配和互动方式。这种变革既为人们提供了更便捷的阅读途径,又可能对深度阅读和注意力分散产生影响。

阅读教育与培养:大众阅读行为在教育领域具有重要作用。培养儿童和青少年的阅读习惯和兴趣,不仅有助于知识获取,还可以培养批判思维、创造力和情感认知。阅读教育也扩展到终身学习领域,鼓励成年人不断丰富知识,拓展思想。

阅读的社会价值和影响:大众阅读行为对社会产生广泛的价值和影响。首先,阅读可以促进个人的认知发展和思维能力提升。通过阅读,人们可以接触不同领域的知识,培养批判性思维、问题解决能力和创新能力,从而更好地适应社会变革。

其次,阅读也对社会文化传承起到重要作用。经典文学、历史著作等通过代代传承,保留了人类智慧的精华。阅读这些作品不仅能够拓宽视野,还能够加深对传统文化的理解和尊重。

阅读与个人发展：大众阅读行为对个人发展具有深远影响。无论是学习、工作还是个人兴趣爱好，阅读都扮演着重要角色。通过阅读，人们能够不断拓展知识领域，积累专业技能，提升个人素质，增加职业竞争力。

阅读与社交互动：阅读也是社交互动的重要方式之一。读者之间可以通过书籍、文章、作品展开交流和讨论，分享不同的观点和想法。读书会、文学圈等社交活动促进了人们的思想碰撞和深入交流。

数字化阅读的挑战和机遇：在数字化时代，虽然大众阅读行为变得更加便捷和多样化，但也面临一些挑战。碎片化阅读、注意力分散、信息泛滥等问题可能影响深度阅读和思考能力。然而，数字化媒体也为个人提供了更多的机遇，如在线学习、自我出版、社交互动等，促使人们更加积极参与阅读活动。

阅读的社会动力：大众阅读行为具有推动社会变革的潜力。阅读可以唤起人们对社会问题的关注，引发思考和讨论，从而影响公共议程和政策决策。阅读还可以培养公民素质，激发社会参与，推动社会进步。

大众阅读行为是一个多维度、多元化的现象，受到个人兴趣、社会环境、科技进步等因素的影响。理解大众阅读行为的多样性，有助于图书馆、出版机构和教育界更好地满足不同人群的阅读需求，促进知识传播、文化传承和社会发展。

大众阅读行为是一个充满多样性和深刻影响的现象。不仅是知识获取和娱乐方式，更是个人认知发展、文化传承和社会变革的重要动力。理解和引导大众阅读行为，需要关注个体需求和社会环境，推动深度阅读、多元化内容选择和有意义的社交互动，以实现个人与社会的共同发展。同时，数字化媒体的兴起也要求人们在享受便捷的同时，保持对深度思考和终身学习的坚持。

第二节　新媒体对大众阅读行为的冲击

新媒体的兴起和快速发展已经深刻地影响了大众的阅读行为。社交媒体、移动应用、数字出版物等新兴媒体形式不仅改变了人们获取信息和娱乐的方式，还对阅读习惯、内容选择、认知方式等方面产生了深远的冲击。在这个时代，了解新媒体对大众阅读行为的冲击是非常重要的，因为它直接关系到文化传承、知识获取、个人认知以及社会互动的演变。

阅读碎片化与注意力分散：新媒体的快节奏、碎片化特点影响了人们的阅读习惯。社交媒体平台上的短文、图像和视频形式，往往以快速浏览为主，使人们逐渐习惯于短暂的信息片段。这导致了人们的注意力容易分散，难以进行长时间的深度阅读。大量碎片化信息的输入，使人们对信息的筛选和处理能力受到挑战，也可能减少对复杂知识的深入探索。

信息过载与浅尝辄止：新媒体时代带来了海量的信息，但也带来了信息过载的问题。人们在不断涌现的信息中很难进行有意义的选择，容易陷入浅尝辄止的状态。虽然有利于快速获取表面信息，但却很难真正深入了解一个话题或内容。这可能导致人们只掌握广泛而肤浅的知识，而缺乏对于复杂主题的深刻理解。

深度阅读能力的下降：新媒体环境下，人们习惯于快速浏览和浅尝辄止，从而降低了深度阅读的能力。深度阅读要求读者集中精力，沉浸其中，深入思考和分析。然而，新媒体的碎片化特点和快速切换的阅读模式，可能减少了人们进行深度思考的机会，影响了批判性思维和分析能力的培养。

个性化信息泡泡：新媒体利用算法根据用户的兴趣和历史行为提供个性化内容推荐，但这也可能导致信息泡泡的产生。个性化推荐使人们更多地接触符合自己观点和兴趣的信息，但也可能限制了对不同观点和意见的了解。这可能导致信息孤立，削弱了人们的多元化视角。

社交媒体的社交互动与反思减少：社交媒体的兴起强调了社交互动，但也可能降低了个人的独立思考和反思时间。人们更容易在社交媒体上进行表面的点赞、评论和分享，但却较少进行深度的思考和自我反省。这可能导致思考质量下降，对于复杂问题的深入思考和讨论减少。

数字出版与阅读体验改变：数字出版物的普及改变了人们的阅读体验。电子书、在线文章、博客等数字化媒体使阅读不再局限于纸质媒介，但也带来了页面浏览的视觉疲劳、电子屏幕对眼睛的影响等问题。同时，电子书的随时随地访问和数字标注功能改变了人们的阅读方式，但也可能影响阅读的集中力和深度思考。

阅读习惯的转变：新媒体的冲击也带来了阅读习惯的转变。年轻一代更多地习惯于数字化媒体，他们可能更喜欢在线阅读、移动应用、社交媒体，而纸质书籍逐渐失去吸引力。这种阅读习惯的转变可能会影响他们的深度阅读和持续注意力。此外，过多地使用电子设备也可能影响人们的身心健康，尤其是眼睛疲劳和睡眠问题。

媒体可信度和信息真实性：新媒体的兴起也带来了信息真实性和可信度的问题。在数字化媒体中，虚假信息和不实言论可能更容易被传播，而读者需要具备辨别真伪信息的能力。社交媒体上的谣言、虚假新闻等问题可能影响人们对信息的信任，进而影响到对于信息来源的选择和阅读行为。

阅读的社交替代与个人隐私问题：社交媒体的盛行也引发了一种社交替代，人们可能更愿意通过社交媒体了解他人的生活、观点和动态，而不是通过阅读深入了解。这可能降低人们与现实世界的直接互动，影响社会互动的质量。同时，社交媒体上的信息分享也涉及到个人隐私问题，可能对个人隐私造成影响。

阅读文化和传统的改变：新媒体时代的来临可能对阅读文化和传统造成影响。纸质书籍、书店和图书馆的衰落，可能影响了人们的阅读环境和阅读体验。传统文化的传承和经典著作的阅读可能受到挑战，人们可能更多地接触轻松娱乐性的内容，而对于经典文学和深刻思想的关注逐渐减少。

媒体多样性与选择困难：虽然新媒体为人们提供了更多的信息来源和选择，但也可能导致选择困难问题。海量信息需要人们花费更多的时间和精力去筛选，而过多的选择可能使人们感到困惑，难以做出最优的选择。这可能影响到人们的信息获取效率和阅读体验。

阅读社会化与信息交流：新媒体时代强调了信息交流和社交互动，但这种社交性的阅读体验也可能影响人们的独立思考和反思能力。社交媒体上的评论、点赞、分享等行为，更多地强调了社交反馈，而减少了个体的内省和思考时间。

综合而言，新媒体对大众阅读行为产生了多方面的冲击。虽然新媒体为人们提供了更便捷、多样化的信息获取途径，但也带来了注意力分散、碎片化阅读、信息过载、社交互动替代等问题。在这个多元化的媒体环境下，人们需要保持对深度阅读的关注，提升信息筛选和辨别能力，同时也需要审慎地处理个人隐私和数字化阅读带来的身心健康问题。综合传统阅读和数字化阅读的优势，有助于更好地应对新媒体时代带来的挑战和机遇，实现知识获取和个人发展的平衡。

第三节　新媒体时代大众阅读行为的嬗变

随着信息技术的迅猛发展和数字化媒体的普及，新媒体时代对大众阅读行为产生了深刻的嬗变。从传统的纸质阅读到数字化媒体的兴起，人们的阅读方式、习惯和体验都发生了显著的变化。以下将详细论述新媒体时代大众阅读行为的嬗变，展示其具体表现和特征。

阅读载体的多样性和便捷性：在新媒体时代，人们可以通过多种载体进行阅读，如电子书、在线文章、博客、社交媒体等。相较于传统纸质阅读，数字化媒体带来了更大的便捷性。读者可以通过手机、平板电脑等设备随时随地进行阅读，不再受到时间和空间的限制。

阅读方式的碎片化和多元化：新媒体时代，人们的阅读方式更加碎片化和多元化。社交媒体的短文、图像和视频形式，使阅读变得更加快速和直观。此外，信息爆炸和碎片化的趋势也影响了人们的阅读习惯，他们更倾向于快速浏览，从而导致深度阅读的减少。

阅读内容的个性化和定制化：新媒体时代，通过算法推荐和个人偏好分析，人们可以获取更加个性化的阅读内容。搜索引擎、社交媒体等根据用户的兴趣和历史行为，为其推荐相关的文章、新闻和资讯。这种个性化和定制化的阅读经验，提高了信息获取的效率，但也可能使人们陷入信息泡泡，局限了对多元观点的了解。

阅读体验的互动性和参与性：新媒体时代，阅读不再是单向的信息传递，而是更加互动和参与性的体验。社交媒体平台上的评论、点赞、分享等行为，使读者可以即时表达自己的看法和情感，与其他读者互动交流。这种互动性增强了读者与内容的连接，也促进了社会互动和信息传播。

阅读传播的广泛性和快速性：新媒体时代，信息的传播速度更快，覆盖面更广。社交媒体、新闻应用等渠道使信息迅速传播，热门事件和话题在短时间内得到全球关注。这也改变了人们获取和分享信息的方式，加强了社会话题的敏感性和影响力。

阅读参与的多样性和创新性：在新媒体时代，人们的阅读参与变得更加多样化和创新化。社交媒体上的讨论、评论、转发等行为，使读者可以积极参与话题讨论，表达自己的观点。同时，新媒体也为读者提供了自我表达和创作的机会，例如博客、自媒体等平台。

阅读影响的扩散性和社会引导：新媒体时代，人们的阅读行为不仅影响个体认知，还可能在社会层面产生广泛影响。社交媒体的信息传播特点使得个人的阅读和互动行为可能引发舆论热点，影响社会议题的讨论和决策。这种扩散性使阅读行为与社会互动更加紧密相连。

阅读教育的变革和创新：新媒体时代也为阅读教育带来了变革和创新。在线学习平台、电子教材等数字化工具为教育提供了更多元的可能性。用户可以通过多媒体和互动性的内容获取知识，教育机构可以更好地个性化教学，培养学生的信息素养。

阅读与创造的融合和互动：新媒体时代，阅读与创造之间的界限变得模糊。人们不仅是信息的接受者，还可以通过社交媒体、博客、视频平台等创作内容，与其他人分享自己的想法、经验和创意。这种融合和互动加强了读者与内容的互动性和创造性。

阅读文化和传统的转变和延续：尽管新媒体时代带来了许多变化，但传统的阅读文化和传统的阅读方式并没有完全消失。纸质书籍、经典文学作品等传统阅读仍然有一定的受众和影响力。而一些传统的阅读习惯，如深度阅读、思考和批判性思维，在新媒体时代仍然具有重要价值。因此，新媒体时代大众阅读行为的嬗变是在传统与创新之间实现了一种平衡。

阅读随身化与移动性：新媒体时代，阅读不再受限于特定的地点和时间。随着移动设备的普及，人们可以在公共交通、休息时间甚至是睡前床上进行阅读。移动性的特点使得阅读变得更加灵活和随身化，人们能够充分利用碎片时间进行阅读。

阅读与多媒体互动的增强：数字化媒体为阅读体验增添了多媒体互动的元素。电子书中可以嵌入音频、视频、动画等内容，增强了阅读的沉浸感和互动性。这种多媒体互动不仅丰富了内容，也使阅读更具趣味性和参与感。

阅读社交化的拓展和影响：新媒体时代，社交化的阅读拓展到了全新的层面。人们可以通过社交媒体平台分享阅读心得、推荐书籍、参与书评讨论，从而扩大了社交圈子和影响范围。阅读成为了社交互动的重要媒介，也促进了社会化传播。

阅读自我表达与个人品牌塑造：新媒体时代，阅读不仅是知识获取，也是个人自我表达和品牌塑造的方式之一。许多人通过社交媒体分享自己的阅读体验、书单、读后感等，借此展示自己的兴趣、观点和形象，进而构建个人品牌。

阅读信息获取与批判思维的并重：虽然新媒体时代带来了碎片化阅读和多媒体互动，但人们也逐渐认识到深度阅读和批判性思维的重要性。在信息过载和虚假信息泛滥的背景下，人们更加重视获取可靠信息、培养批判思维，以应对复杂的信息环境。

阅读数字素养和信息筛选能力的提升：新媒体时代，人们需要提升数字素养和信息筛选能力。面对海量信息，读者需要学会辨别虚假信息、评估来源可靠性，并从中筛选出有价值的内容。这也促使人们在阅读过程中更具有选择性和批判性。

综上所述，新媒体时代大众阅读行为的嬗变呈现出多个明显特征。阅读载体的多样化、阅读方式的碎片化、阅读内容的个性化、阅读体验的互动性等方面都发生了显著变化。与此同时，传统阅读文化和深度阅读的价值仍在，并在新媒体时代得到了持续延续。新媒体时代的大众阅读行为不仅是传统与创新的结合，更是在信息技术的推动下，个体与社会、文化与技术相互交织的复杂现象，体现了人们在信息时代中的多元需求和适应能力。

第四节　新媒体在大众阅读推广中的作用

新媒体的兴起和发展，极大地改变了人们获取信息和沟通交流的方式，也为大众阅读推广带来了新的机遇和挑战。在新媒体时代，通过互联网和数字化平台，大众阅读推广的范围和影响力得以扩展，不仅提升了阅读的传播效率，还促进了读者参与和阅读体验的提升。

一、其嬗变的作用所在

广泛覆盖的传播渠道：新媒体以其广泛覆盖的传播渠道为大众阅读推广提供了无限可能。社交媒体平台、博客、微信公众号、视频分享网站等，成为了大众获取信息和分享内容的主要渠道。阅读推广者可以通过这些平台发布阅读相关的文章、书评、推荐书单等内容，将阅读资源直接传递给用户。无论是专业读者还是普通大众，都可以通过不同的新媒体渠道获取到适合自己的阅读推广信息。

互动性和社会化传播：新媒体强调用户互动和社会化传播的特点，为阅读推广注入了更多的活力。读者不再只是被动接受信息，他们可以通过评论、点赞、分享等行为参与到阅读内容的交流中。这种互动性不仅增强了读者之间的联系，也使得阅读推广更具有社交性。读者之间可以在社交媒体上讨论书籍、分享阅读心得，形成更加丰富的阅读生态。

个性化推荐和定制化体验：新媒体通过数据分析和算法推荐，为每个用户提供个性化的阅读推荐。根据用户的兴趣、阅读历史等信息，新媒体平台能够向用户推送更符合他们口味的阅读内容。这种个性化推荐不仅提高了用户的点击率，也增加了用户对阅读推广的兴趣和信任。

内容创意和互动活动：新媒体在大众阅读推广中的作用不仅在于传递信息，更在于创造有趣的阅读体验。阅读推广者可以通过多媒体内容创意，如图文并茂的文章、视频推荐、有趣的漫画等，吸引读者的目光。此外，举办互动活动也是新媒体推广的重要手段，如线上读书分享会、阅读挑战等，都能够激发用户的积极参与。

线上线下结合的推广活动：新媒体不仅有线上推广，还能与线下活动相结合，创造更丰富的推广体验。例如，通过线上平台预热，然后在线下举办读书签售会、读者见面会等活动，将线上粉丝的关注转化为实际的阅读互动，提升了阅读推广的效果。

专题推广和系列内容：利用新媒体的多样性，阅读推广者可以设计专题推广活动。这种活动可以集中在某一主题或类型的图书，例如科幻小说、历史文化等，通过连续发布相关内容，吸引读者持续关注。同时，设计系列内容也能够建立读者的阅读习惯，使其对特定领域的阅读兴趣不断加深。

新媒体在大众阅读推广中发挥了重要作用，通过其独特的表现、特征、方法和手段，有效地促进了阅读的传播和普及。以下将详细论述新媒体在大众阅读推广中的作用，包括其表现、特征、方法和手段。

二、表现和特征

广泛覆盖的传播渠道：新媒体包括社交媒体、博客、微博、微信公众号、在线论坛等，具有广泛的传播渠道。通过这些渠道，阅读推广可以触达更广泛的受众，突破地域和时间的限制，实现信息的快速传播。

互动性和社会化传播：新媒体注重用户互动和社会化传播。用户可以通过评论、点赞、分享等方式参与阅读内容，从而增强了受众与内容的互动性。社交化传播使阅读成为社交话题，扩大了内容的影响范围。

个性化推荐和定制化体验：新媒体通过算法分析用户兴趣，为其推荐相关的阅读内容，实现个性化推荐。这种个性化和定制化体验使受众更容易找到符合自己兴趣的阅读材料，提高了阅读的吸引力。

方法和手段：

内容创意和互动活动：利用新媒体的多媒体互动特点，阅读推广可以设计创意丰富的内容，如有趣的图文并茂的文章、书籍推荐视频等。同时，举办阅读挑战、读书分享会等互动活动，引发用户参与和讨论。

线上线下结合的推广活动：新媒体可以在线上和线下相结合，举办线上阅读讨论、线下读书会、签售会等活动。通过线上线下结合，将推广的效果延伸到更多场景和受众。

专题推广和系列内容：创办特定主题的专题推广，例如某一类型的图书、名著阅读、文化教育等，形成一系列相关内容。这种方式有助于建立受众的兴趣，吸引他们持续关注。

名人代言和社会影响力：利用名人、专家等社会影响力，进行阅读推广。名人代言、专家讲座等活动可以吸引更多的关注，增加推广的影响力。

数据分析和精准营销：利用新媒体的数据分析能力，了解受众兴趣、行为习惯等信息，进行精准的内容营销。通过针对性的推送，提高受众的点击率和参与度。

三、实际案例和效果

阅读推荐平台：许多新媒体平台建立了阅读推荐栏目，根据用户的阅读历史和兴趣，为其推荐适合的图书、文章。例如，微信公众号上的阅读推荐功能，让用户可以方便地获取个性化推荐。

在线阅读社区：在线阅读社区提供了读者互动和讨论的平台。网站、论坛、社交媒体等平台上的阅读社区，让读者可以分享读后感、交流心得，增加互动体验。

阅读挑战活动：许多新媒体平台举办阅读挑战活动，鼓励用户完成阅读任务，如每月读一本书、一年读多少本书等。这种活动创造了阅读的氛围，鼓励人们更多地参与。

优质阅读内容制作：许多出版社、作者、阅读推广机构等在新媒体上发布优质的阅读内容。这些内容包括短文、读书笔记、书评、阅读指南等，旨在吸引读者的关注并激发他们的阅读兴趣。

读者互动活动：新媒体可以通过举办读者互动活动，如线上讨论会、读书分享、阅读挑战等，吸引读者积极参与。这些互动活动加强了读者之间的联系，提升了阅读的社交性和参与度。

四、成功案例和效果评估

阅读推广活动的影响力：许多出版社和图书机构通过新媒体平台进行阅读推广，成功吸引了大量读者的关注。例如，一些畅销书的预售活动、线上直播书签会等，通过社交媒体的传播，迅速扩大了阅读活动的影响力。

阅读推广对图书销售的促进：利用新媒体进行阅读推广可以有效地促进图书销售。通过优惠券、限时促销等方式，将阅读推广与图书销售结合起来，增加了读者购买的动力。

阅读推广对社会影响的贡献：新媒体阅读推广不仅影响图书销售，还对社会产生了积极影响。通过推广优质阅读内容，提升了读者的知识水平、思考能力和情感共鸣，为社会提供了更多深度思考的话题。

阅读推广对教育的推动：在教育领域，新媒体阅读推广也起到了重要作用。学校、教育机构利用新媒体平台，组织阅读活动、推荐教育书籍，培养学生的阅读习惯和信息素养。

新媒体在大众阅读推广中具有多重作用，通过其广泛的传播渠道、互动性和个性化特点，有效地促进了阅读的传播和普及。采用内容创意、互动活动、线上线下结合等方法，新媒体使阅读推广更加多样化和创新化。实际案例和成功效果显示，新媒体在阅读推广中取得了显著成就，不仅促进了图书销售，还影响了社会和教育领域。综合而言，新媒体在大众阅读推广中扮演了积极的角色，为提升阅读兴趣、知识素养和社会文化发展做出了贡献。

小结概述

在当今社会，大众阅读行为正在经历着深刻的转变和演变，而新媒体作为信息传播的媒介，在这一过程中扮演着重要的角色。大众阅读行为不再局限于传统的书本阅读，而是在新媒体的冲击下发生了多重变革。

新媒体对大众阅读行为产生了深远的冲击，它带来了碎片化阅读、多媒体互动以及社交化阅读等新特点。大众在新媒体的影响下，愈发倾向于从社交媒体、博客、在线论坛等平台获取信息和阅读内容，导致了阅读的方式和习惯的改变。然而，这种冲击并非简单地颠覆了传统阅读模式，而是为大众阅读行为带来了多元性和互动性的拓展。

新媒体时代大众阅读行为的嬗变展现出多个方面的特征。阅读载体的多样化、阅读方式的碎片化、阅读内容的个性化以及阅读体验的互动性等特征都呈现出新的形态。虽然大众的阅读时间可能变得更短，但信息获取的速度更快，互动性更强，社交性更突出。传统的深度阅读在新媒体时代依然具有价值，而与之并行的碎片化阅读也成为一种趋势。

在这一背景下，新媒体在大众阅读推广中发挥了关键作用。新媒体为阅读推广提供了广泛的传播渠道,从社交媒体到博客,从微信公众号到在线阅读社区,都为推广者提供了直接与读者互动的机会。此外,个性化推荐和定制化体验也使阅读推广更具吸引力,读者能够接触到更符合自己兴趣的内容。内容创意、互动活动、线上线下结合的推广活动等方法,使阅读推广更加多样化和有趣。

综上所述,大众阅读行为正在从传统向多元转变,新媒体的冲击和影响促使人们更加灵活地获取信息和阅读内容。而新媒体在大众阅读推广中的作用则在于拓展了传播渠道、增强了互动性、提供了个性化体验,并通过各种手段和方法使阅读推广更加生动有趣。新媒体不仅满足了大众多样化的阅读需求,也促进了阅读文化的传承和创新。在不断变化的信息时代,新媒体和大众阅读行为共同构建了一个丰富多彩的阅读生态。

第三章 图书馆的服务

图书馆作为社会文化教育事业中不可或缺的重要组成部分，承载着多重服务意义。首先，图书馆提供了广泛的知识资源，为人们提供了便捷的途径获取信息、学习知识和拓展视野。其次，图书馆作为学习和研究的场所，为学生、学者、研究人员等提供了安静的学习环境和必要的工具，促进了知识的深入探索。此外，图书馆还通过举办讲座、展览、读书会等活动，促进文化交流和社区共享，弘扬了社会价值观。而对于社会中的弱势群体，图书馆则是一个免费获取信息和文化的场所，有助于缩小知识鸿沟。总体而言，图书馆不仅是知识的宝库，更是促进教育、文化、社会和谐发展的重要力量。

第一节 图书馆的服务

图书馆作为一个多功能的文化教育机构，提供了丰富多样的服务，以满足公众的知识需求、学习需求和文化交流需求。以下详细说明图书馆的主要服务内容以及如何做好这些服务：

1. 藏书与借阅服务：

图书馆收藏各类图书、期刊、报纸、电子书等资源，为读者提供借阅服务。做好这项服务需要定期更新馆藏、购买与社会热点相关的书籍，确保读者能够方便地获取最新的知识。建立方便的借还流程、严格的书籍管理和智能化的检索系统，有助于提高借阅效率。

要升级和做好图书馆的藏书与借阅服务，需要考虑多个方面，从馆藏的丰富性、借阅流程的便捷性，到读者参与和馆藏管理的优化等。

丰富馆藏：持续更新和扩展馆藏是重要的一步。建立一个专门的采购团队，定期跟踪出版市场，根据社会热点、学科发展趋势和读者需求，购买新书、期刊和数字资源。同时，根据读者建议和反馈，增加多样化的主题、流派和语种。

数字化资源：随着数字化时代的发展，提供电子书、在线期刊、数据库等数字资源，方便读者随时随地获取信息。确保这些资源的访问稳定，界面友好，并提供培训帮助读者熟练使用。

自助借还设备：部署自助借还设备，使读者可以自主借还图书，提高借阅效率。确保这些设备操作简单易懂，支持多种付款方式，为读者提供便捷的借阅体验。

智能化检索系统：建立高效的图书检索系统，使读者可以方便地查找所需资源。这可以通过优化图书分类、添加详细的图书标签、使用智能搜索技术等方式实现。

在线预约与延期：提供在线预约和续借服务，让读者可以提前预约热门书籍，或延长借阅期限，避免逾期罚款。确保这些服务在图书馆网站或移动应用上操作方便。

读者参与：鼓励读者参与馆藏的建设，可以设置读者推荐书目的渠道，收集读者意见和建议。也可以定期举办读者意见征集活动，以便更好地满足读者需求。

社区合作：与出版社、作者、学术机构等建立合作关系，获取最新的图书资源。同时，与学校、社区、企业等建立合作，举办读书会、讲座等活动，扩大读者群体。

数字借阅平台：探索数字借阅平台的建设，让读者可以在网上借阅电子书、杂志等资源。确保平台界面友好，借阅流程简单，且有明确的使用规则。

阅读推广活动：举办阅读推广活动，如书展、阅读比赛、文化节等，吸引更多读者前来图书馆，提高借阅量和文化氛围。

持续培训：对图书馆工作人员进行持续的培训，使他们了解新的图书、资源和技术。培养专业的馆员，能够为读者提供专业的咨询和指导。

通过综合考虑上述策略，图书馆可以不断升级和改进藏书与借阅服务，为读者提供更丰富、便捷的阅读体验，满足不同读者的需求，提高图书馆的服务质量和影响力。

2.阅览与学习空间：

图书馆提供安静、舒适的阅览和学习空间，适合个人学习、研究和阅读。为确保阅览环境宁静，可以设立严格的静默区域，并提供充足的插座和互联网接入。同时，设置研讨室、多媒体设备，满足小组学习和多样化的学习需求。

3.数字资源与电子服务：随着数字化时代的到来，图书馆提供数字资源、电子数据库、在线期刊等电子服务。维护这些资源的正常运行，提供便捷的访问途径，以及培训读者如何使用这些资源，都是重要地做好服务的一部分。

4. 文化活动与教育培训：图书馆举办各种文化活动，如讲座、展览、读书会、演出等，为社区提供文化交流平台。同时，为读者提供信息素养、阅读指导等培训课程，帮助他们更好地利用图书馆资源。

5. 咨询与引导：图书馆提供咨询服务，帮助读者解答关于图书、资源和学习的问题。培训工作人员具备良好的沟通能力和专业知识，能够为读者提供个性化的引导。

图书馆的咨询与引导服务是帮助读者解答疑问、指导信息获取和使用的重要环节。为做好这项服务，需要采取一系列策略和方法，如：

专业培训与知识更新：图书馆工作人员应接受专业培训，了解馆内资源、服务流程和信息检索技巧。定期更新知识，以便为读者提供准确的信息和指导。

设立咨询台：在图书馆设置明显的咨询台，方便读者前来咨询。咨询台上应有工作人员提供专业的指导，并提供相关的宣传材料。

在线咨询：提供在线聊天、电子邮件等远程咨询渠道，方便读者随时随地获取帮助，解答他们的疑问。

个性化服务：了解读者的需求，提供个性化的引导。针对不同读者群体，如学生、研究者、儿童等，提供针对性的指导。

多媒体引导：利用多媒体技术，制作操作指南、视频教程等，为读者提供图文并茂的引导信息。

参考工具：提供参考书目、学术数据库、电子资源等，帮助读者更好地找到所需信息。

解答常见问题：建立常见问题解答数据库，为读者提供常见问题的答案，减轻工作人员的负担，同时提高服务效率。

引导研究：针对学术研究者，提供深度检索、文献整理等引导，帮助他们进行高效的研究工作。

推荐阅读：根据读者的兴趣，推荐相应的书籍、期刊和电子资源，引导他们进一步深入阅读。

问题反馈渠道：鼓励读者提供问题反馈，以便图书馆持续改进服务质量。

举例说明：一位大学生前来图书馆咨询如何找到关于环保领域的资料。图书馆工作人员首先问了解他的具体需求，然后引导他使用图书馆的在线数据库，搜索相关关键词。工作人员还推荐了一些专业的环保期刊和书籍，帮助他更深入地研究这个领域。同时，工作人员还向他介绍了如何使用文献管理工具，以便更好地整理和引用所找到的资源。通过专业的引导，这位大学生获得了满意的答案，同时也学会了更好地利用图书馆的资源。

6.特殊人群服务：图书馆也要关注特殊人群，如残障人士、儿童、老年人等，提供适合他们需求的服务。

例如，设置无障碍设施：设立无障碍通道、轮椅坡道、盲文图书等，为身体残障人士提供更便利的服务。提供多样化的资源：提供易读版图书、大字书、有声书等，满足视障读者的需求。提供专业指导：培训图书馆工作人员，提高他们与特殊人群的沟通和服务技能，为读者提供更专业的指导。

再例如，创新特殊活动：举办适合特殊人群的文化活动，如盲人音乐会、手语讲座等，增进他们的文化参与感。提供个性化服务：为特殊人群设置个性化的借阅、阅读辅助等服务，如儿童阅读区、老年人活动区，提供更贴心的阅读体验。增强社区宣传：加强宣传，让特殊人群了解图书馆提供的服务，吸引更多人参与。调整互动平台：建立特殊人群互助平台，让他们可以分享经验、建议，形成一个支持性的社区。通过持续的调查研究、深入了解特殊人群的需求，结合新技术的应用，图书馆可以不断优化特殊人群的服务，提高服务质量和包容性，使每个人都能够平等地享受图书馆资源和文化活动。

7.社区互动与参与：图书馆要积极与社区互动，了解社区需求，开展社区服务。鼓励读者参与馆内活动、捐赠图书、提供建议，促进图书馆成为社区文化的重要一部分。

图书馆作为社区文化的重要枢纽，提升社区互动与参与是构建更加活跃、丰富的社区文化生活的关键。以下将详细论述图书馆服务如何提升社区互动与参与。

多样化的活动：图书馆应定期举办多样化的文化活动，如讲座、展览、读书会、艺术表演等，涵盖不同主题和兴趣领域，吸引社区居民的广泛参与。

需求调查与反馈：图书馆应主动了解社区居民的需求，通过问卷调查、意见征集等方式收集反馈，从而精准地策划和安排适合社区的活动。

社区合作伙伴：与社区内的学校、文化机构、社会团体等建立合作伙伴关系，共同举办活动，扩大资源和参与人群。

线上与线下融合：利用社交媒体、网站、APP等数字平台，推广图书馆的活动信息，提供在线报名、互动讨论，让更多人参与到社区活动中。

社区需求驱动：根据社区居民的兴趣和需求，设计有针对性的活动，如亲子阅读、青少年创意工作坊、长者文化交流等，提高活动的吸引力。

社区志愿者：鼓励社区居民参与志愿者服务，协助图书馆策划、组织和推广活动，加强社区参与感和归属感。

社区活动空间：将图书馆设计成多功能的社区活动空间，可以举办小型展览、座谈会、社区会议等，为社区居民提供更多互动机会。

开放式交流： 搭建开放的交流平台，允许社区居民提出意见、建议，参与活动的策划与决策，增强他们的参与感和归属感。

社区文化节： 定期举办社区文化节，以丰富多彩的文化活动为载体，将社区居民聚集起来，促进互动和交流。

长期规划： 制定长期的社区互动和参与规划，将社区文化融入图书馆服务的核心，建立稳定的文化交流平台。

通过以上措施，图书馆可以充分发挥自身优势，成为社区居民文化互动的中心，促进社区成员之间的交流、合作与共享，提升社区凝聚力和文化活力。同时，积极吸纳社区居民的意见和建议，不断完善服务，使图书馆成为社区共同参与和共建的重要场所。

8. 信息推广与展示： 图书馆应当积极推广馆内资源，如通过展架、宣传册、网站等方式，向读者展示馆藏。提供图书推荐、主题书单等，帮助读者更好地选择阅读材料。

图书馆的信息推广与展示是吸引读者注意、传达资源信息、提高图书馆知名度的重要手段。为实现更好的信息推广与展示，需要采取一系列策略和方法，如下所述：

有吸引力的展架和展示区： 设立醒目的展架和展示区域，将精选图书、热门话题、季节性资源等进行主题陈列。例如，在暑假时推出"畅读暑期"的主题陈列，吸引读者借阅。

多媒体展示： 使用屏幕、投影等多媒体技术，播放图书馆资源介绍、阅读推荐、文化活动预告等短片，吸引读者的注意。

主题展览： 举办主题展览，展示特定领域的图书、文献、艺术作品等。例如，举办"科技与未来"展览，展示与科技相关的书籍和科技成果。

数字平台推广： 在图书馆网站、社交媒体等数字平台上推广资源，发布阅读推荐、图书推介、在线活动信息，吸引线上读者。

定期推送邮件： 通过邮件订阅等方式，定期向读者发送图书馆新资源、热门主题、活动安排等信息，保持读者的关注。

书单推荐： 编制不同主题的书单，如"畅读经典""文学名著"等，供读者参考，帮助他们更好地选择阅读材料。

图书展示活动： 不定期举办图书展示活动，邀请作家、学者等为读者介绍他们的著作，增加读者与作者的互动。

沙龙和讲座： 举办文化沙龙、讲座，邀请专家学者分享知识、经验，吸引读者前来参与，同时推广图书馆资源。

合作与推介： 与学校、社区、企业等建立合作关系，在合作活动中推介图书馆资源，增加资源的曝光度。

装饰美化： 图书馆的装饰布局也是信息展示的一部分。通过巧妙的布局、悬挂展板、艺术品等，营造出信息丰富的阅读环境。

如，图书馆在开学季举办"畅读新学年"主题活动。他们在入口处设置醒目的展架，陈列着新学年的教材、参考书、学习技巧书籍等。此外，利用数字平台，发布学习资源的介绍和推荐，吸引学生在线浏览。还举办学术讲座，邀请教育专家分享学习方法和心得。通过多种途径，图书馆成功地将新学年的学习资源信息传递给读者，吸引他们积极参与学习。

图书馆的服务涵盖了藏书、借阅、学习空间、数字资源、文化活动、教育培训、咨询、特殊人群服务、社区互动等多个方面。通过合理规划资源、优化管理流程、培训工作人员、与社区互动等措施，图书馆可以做好这些服务，为社会提供丰富的文化、知识和学习资源。

第二节 图书馆服务的特点和内容

图书馆作为信息传递、文化交流和学习教育的重要场所，具有独特的服务特点，它们为读者提供了广泛的资源、知识和活动。以下将详细论述图书馆服务的各个特点，每个特点都会进行详细的说明。

1. 知识资源聚集：

图书馆是一个知识的宝库，拥有丰富多样的藏书、期刊、报纸、电子资源等，涵盖各个领域的知识。这些资源不仅来自本地购买和捐赠，还包括与其他图书馆合作的国际合作资源。这种聚集的特点使图书馆成为一个满足读者各种知识需求的地方。

图书馆服务的核心之一是实现知识资源的聚集，这需要图书馆通过采购、收藏、整理和管理等手段，从不同来源获取多样化的资源，以满足读者的知识需求。

采购与购置：图书馆通过购买图书、期刊、报纸、音像资料等，从出版社、发行商等渠道获取最新的图书资源。采购不仅包括主流的学术出版物，还涵盖了各个领域的专业书籍和大众读物，以满足不同读者群体的需求。

捐赠与赠送：图书馆接受个人、机构、社区等的捐赠，这些捐赠包括新书、旧书、特色书籍等。一些知名作者、学者也会将他们的著作赠送给图书馆。这种方式丰富了图书馆的藏书，同时也促进了社会各界与图书馆的联系。

交换与合作：图书馆之间开展资源交换和合作，通过图书馆互借、联合采购等方式，分享彼此的资源，扩大馆藏范围。国际合作也能让图书馆获得其他国家文化的资源，丰富本地的图书馆藏。

特色收藏：图书馆会根据自身的特色和定位，收藏一些特色书籍、文献资料，以便满足特定领域的研究需求。这些特色收藏可以是某个主题、学科、文化的代表性作品，为读者提供深入挖掘的机会。

数字化资源：随着数字化时代的来临，图书馆积极采集数字资源，包括电子书、在线期刊、数据库、数字化档案等。这些数字化资源通过订购、合作和自建等方式获取，为读者提供了随时随地访问的便利。

多媒体资源：图书馆不仅仅收藏纸质书籍，还收集音频、视频、影像等多媒体资源。这些资源可以是音乐、电影、纪录片等，为读者提供多样化的学习和娱乐选择。

资源整理与分类：图书馆对收集到的资源进行整理、分类和编目工作，使得资源能够按照一定的体系和规则被读者查找和使用。这需要图书馆工作人员进行系统的管理和维护，以确保资源的有序和高效利用。

资源推荐与导读：图书馆工作人员会根据不同主题、领域的资源，推荐给读者适合的书籍、文章、数据库等。这种资源推荐和导读有助于读者更快地找到需要的信息，提高资源的利用效率。

数字搜索与检索系统：图书馆提供数字搜索与检索系统，允许读者通过关键词、主题、作者等信息，快速找到所需资源。这种系统能够将馆藏资源的信息呈现给读者，使其更容易获取所需的知识。

资源更新与维护：图书馆不仅仅需要获取资源，还需要对资源进行更新和维护。这包括更新旧版图书、处理损坏的资料、清除过时的期刊等。通过资源的不断更新和维护，保证读者能够获取到最新、准确的信息。

图书馆通过采购、捐赠、合作、数字化等多种方式实现知识资源的聚集，致力于为读者提供多样化、丰富的资源，满足他们各种不同的学习、研究和娱乐需求。同时，图书馆还通过资源整理、推荐、维护等手段，确保资源的有效利用和可持续发展。这种资源聚集的特点，使图书馆成为了知识与文化的宝库，为社会的发展和个人的成长提供了坚实的支持。

2. 公共性与开放性：

图书馆的服务对公众开放，任何人都可以自由进入图书馆，并使用馆内的资源和设施。这体现了公共性和平等性的特点，不论年龄、背景、职业，每个人都有权利获得图书馆提供的服务。图书馆为社会各个群体提供了一个共享知识和文化的平台。

图书馆作为文化和知识传播的重要机构，具有明显的公共性与开放性特点，这是其使命的体现，也是其服务的核心价值。公共性意味着图书馆为社会大众提供服务，而开放性则强调图书馆对各种人群开放。以下将详细论述图书馆服务如何体现公共性与开放性的特点，以及这些特点所带来的优势。

体现公共性的方式：

无门槛入馆：图书馆为所有人提供无门槛入馆的机会，不论其年龄、职业、社会地位等，都能够自由进入图书馆，享受其资源和服务。这种对所有人的平等开放体现了公共性特点。

资源平等分享：图书馆积极为不同人群提供丰富多样的资源，包括文献、图书、报纸、期刊、数字资源等。无论是学生、研究者、职业人士还是普通居民，都能够平等地获取到所需的知识和信息。

公益性活动：图书馆举办各种公益性活动，如讲座、展览、培训等，为社会大众提供免费的学习和文化交流机会，帮助他们扩展知识领域。

服务多样化：图书馆根据不同人群的需求，提供多样化的服务，包括儿童阅读、青少年活动、老年人交流等。这种差异化的服务满足了各类读者的需求。

信息开放共享：图书馆不仅提供自有资源，还积极合作和共享资源，通过馆际互借、联合采购等方式，与其他图书馆共同开放资源，让读者获取更广泛的信息。

数字化服务：图书馆提供数字化资源，如电子书、在线期刊、数据库等，使读者能够在网上随时获取信息。这种数字化服务实现了时间和空间的开放性。

开放学习空间：图书馆提供舒适、安静的学习空间，不仅仅限制在阅览区，还有研讨室、多媒体区等，供读者自由使用，促进了知识学习的开放性。

社区互动平台：图书馆不仅是阅读场所，还是社区居民交流的平台。通过举办各种社区活动、文化沙龙等，图书馆成为了开放的社区交流中心。

促进平等与多元：公共性与开放性特点使得图书馆成为平等获取知识的场所，不分阶层、地域、身份，为多元文化和思想交流提供了平台。

凝聚社会凝聚力：图书馆作为社区文化中心，通过公共性和开放性，为社区居民提供了共同参与、共享知识的机会，增强了社会凝聚力。

推动社会进步：图书馆的公共性与开放性服务推动社会的教育和知识水平提升，为社会创新和发展提供了源源不断的知识资源。

传播和保护文化：图书馆通过向社会公众开放，传播和保护了丰富的文

化遗产和知识

3. 多功能性：

图书馆不仅仅是一个图书借阅的地方，还是学习、研究、文化交流和社区活动的场所。它提供了安静的学习区域、电子资源检索区、多媒体展示区等不同功能的空间，满足了读者多样化的需求。

4. 教育与启发：

图书馆的服务不仅仅是提供资源，更重要的是通过资源、活动和培训，促进读者的知识水平提升和个人素质的发展。图书馆举办各种讲座、研讨会、培训班等，帮助读者获取新知识，拓展思维，激发创造力。图书馆作为知识传播和文化教育的重要场所，具有深厚的教育与启发特点。其服务不仅仅是提供书籍和资源，更是通过各种途径激发读者的思考、启发创造力，促进个人和社会的发展。

多样化的资源：图书馆收藏了丰富多样的资源，包括图书、期刊、报纸、电子书、数据库、音视频资料等。这些资源涵盖了学术、科研、文化、娱乐等领域，为读者提供了广泛的学习和启发选择。

学习空间和设施：图书馆提供安静、舒适的学习和阅读环境，设有研讨室、阅览区、多媒体设备等。这种学习空间和设施为读者创造了良好的学习氛围，激发了他们的学习兴趣和动力。

丰富的活动：图书馆举办各种教育性和启发性的活动，如讲座、研讨会、读书会、文化展览等。这些活动涵盖了文学、艺术、科学、社会等多个领域，为读者提供了与专家学者互动、交流思想的平台。

个性化的服务：图书馆工作人员根据读者的需求和兴趣，为其推荐合适的资源和活动。通过个性化的服务，图书馆满足了不同读者的需求，帮助他们更好地学习和启发自己。

培训与教育课程：图书馆开展各类培训和教育课程，涵盖信息素养、数字技能、写作技巧等。通过这些课程，图书馆帮助读者提升自身技能，培养终身学习的意识。

知识分享与传递：图书馆作为知识的传递者，通过资源的共享和服务的推广，将知识传递给读者。这种知识的传递不仅仅是信息的流动，更是思想的碰撞和启发。

培养批判思维：图书馆提供了各种不同观点和领域的资源，帮助读者接触到多元的思想和观点。通过阅读和研究，读者可以培养批判思维，学会分析、评价信息的能力。

丰富的阅读体验：图书馆的丰富资源和多样活动丰富了读者的阅读体验，

让他们能够跳出自己的舒适区，尝试不同的主题和文体，拓展阅读广度。

激发创造力：图书馆不仅提供知识，还为读者提供了思考、探索、创造的空间。通过阅读、研究和参与活动，读者能够激发自己的创造力，产生新的思想和见解。

推动社会进步：图书馆的教育与启发服务不仅仅对个人有益，还对社会产生积极影响。通过培养有思想、有创意、有知识的公民，图书馆为社会的创新和进步贡献力量。

个人成长： 图书馆的教育与启发特点帮助读者扩展知识领域，提高综合素质，促进个人的全面成长。

创新能力： 图书馆通过激发思考和创造力，培养读者的创新能力，为社会的科技创新提供有力支持。

自主学习： 图书馆提供的多样资源和学习环境，培养了读者的自主学习能力，使其具备终身学习的能力。

社会参与： 图书馆的活动和资源鼓励读者参与社会，通过讲座、研讨会等与专家学者互动，为社会发展提供智慧。

知识传承： 图书馆作为知识的守护者和传递者，通过教育与启发服务，促进知识的传承和流传，保障文化的延续。

推动社会良知： 图书馆培养读者的价值观、道德观，推动社会的良知，为社会的和谐发展作出贡献。

5. 社区联系：

图书馆紧密联系着所在的社区，成为社区文化的中心，为社区居民提供文化交流和知识分享的平台。通过举办各种文化活动、社区讲座等，图书馆促进了社区的凝聚力和社交联系，为社区文化建设作出了贡献。

第三节　图书馆服务的原则

图书馆作为文化、教育和知识传播的重要机构，其服务不仅关乎资源的提供，更涉及服务的质量、效率和适应性。为了确保图书馆的服务能够更好地满足社会大众的需求，图书馆服务必须遵循一系列原则。以下将详细论述图书馆服务的原则，以及这些原则在实际工作中的应用。

1. 平等原则：

平等原则是图书馆服务的核心，意味着图书馆为所有人提供平等的资源和机会,不论其背景、职业、地域等。无论是学生、教师、社区居民还是研究者,每个人都应该在图书馆中享有平等的服务权利。

应用: 图书馆应设立无障碍设施,满足残障人士的需求;为不同年龄、兴趣的人群提供多样化的资源和活动;保障每个人在图书馆内平等使用资源的权利。

2. 开放原则:

开放原则要求图书馆对外开放,允许任何人进入馆内使用资源。这种开放性有助于促进知识流通和文化传播,扩大读者群体,为社会提供一个共享知识和信息的平台。

应用: 图书馆应制定合理的开放时间,确保读者可以方便地进入馆内;通过数字化服务,实现线上资源的开放共享;举办公益性活动,让更多社会人士参与。

3. 多样性原则:

多样性原则要求图书馆的资源和服务覆盖多个领域、多种文化背景,以满足不同读者群体的需求。图书馆的藏书应涵盖学术、科技、文化、娱乐等多个领域,以及各类人群的兴趣。

应用: 图书馆应根据社会多元化的需求,收集多样化的资源,包括不同语种、文化的图书、数字资源等;举办多样性的活动,涵盖不同主题和领域。

4. 可及性原则:

可及性原则强调图书馆的资源和服务应该方便读者获取和使用。这涉及资源的排列、服务的效率、设施的舒适度等方面,以确保读者能够便利地利用图书馆提供的资源和服务。

应用: 图书馆应设计合理的资源分类和编目系统,让读者能够快速找到所需资源;提供友好的数字检索系统,方便读者在线查询和借阅资源。

5. 专业性原则:

专业性原则要求图书馆提供专业的服务和资源,确保资源的准确性、可靠性和权威性。图书馆应提供专业的图书馆员和工作人员,为读者提供咨询、导读、检索等服务。

应用: 图书馆员应具备专业的知识,能够为读者提供正确的咨询和引导;图书馆应购买优质的学术期刊、书籍,确保馆内的资源具有高质量和权威性。

6. 持续性原则:

持续性原则强调图书馆服务应具有持续性和可持续性。图书馆的服务不应该仅仅是一段时间的,而应该长期稳定地为社会大众提供资源和服务。图书馆应确保资源的更新和维护,不断地满足读者的知识需求。

应用： 图书馆应定期购买新书、更新数字资源，保持馆藏的时效性和新颖性；开展持续性的教育培训活动，提升读者的信息素养和技能。

7. 反馈与改进原则：

图书馆服务应该关注读者的反馈和建议，不断改进和优化服务。读者的意见可以帮助图书馆更好地了解其需求，调整服务模式和资源采购策略。

应用： 图书馆可以定期收集读者反馈，通过问卷调查、建议箱等方式了解他们的满意度和需求；根据反馈意见，进行改进和优化，提升服务质量。

8. 创新性原则：

创新性原则要求图书馆在服务模式、资源开发、活动设计等方面保持创新。创新可以使图书馆更好地适应社会发展和读者需求的变化，提供更有吸引力的服务。

应用： 图书馆可以推出新颖的活动形式，如科技展示、创客工坊等，吸引年轻人参与；引入数字化技术，提供在线学习平台，满足数字化时代的需求。

9. 社区融合原则：

社区融合原则强调图书馆与所在社区的紧密联系。图书馆应该了解社区的文化特点和需求，通过举办社区活动、服务特殊人群等方式，促进社区的融合和共享。

应用： 图书馆可以开展适合社区居民的文化活动，如社区读书会、座谈会等，增进社区居民的交流和互动；为特殊人群提供定制化的服务，增强社区的包容性。

10. 可持续发展原则：

可持续发展原则要求图书馆在资源采购、服务提供等方面考虑长期发展和资源的合理利用。图书馆应该制定合理的管理策略，确保服务的连续性和稳定性。

应用： 图书馆应根据实际需求进行合理的资源采购，避免资源浪费和不必要的开支；建立科学的馆藏管理体系，确保资源的充分利用和保存。

综上所述，图书馆服务的原则是为了确保服务的质量、平等性、可持续性和适应性。这些原则在图书馆的日常工作中起到了指导和规范作用，使得图书馆能够更好地满足社会大众的知识和文化需求，促进个人和社会的发展。通过遵循这些原则，图书馆能够不断优化自身的服务模式，适应时代的变化，为读者提供更加丰富多彩的资源和体验。

第四节　图书馆服务的发展趋势

图书馆作为文化、教育和知识传播的重要机构，其服务在不断演变和发展，以适应时代的变化和读者的需求。随着信息技术的快速发展、社会多元化的增加以及读者期望的提升，图书馆服务的发展趋势也呈现出多样性和前瞻性。以下将详细论述图书馆服务的发展趋势，以及在这些趋势下，图书馆如何应对和创新。

数字化转型与信息技术应用：随着信息技术的飞速发展，数字化转型成为图书馆服务的重要趋势。图书馆不仅提供纸质资源，还应提供电子书、在线期刊、数字档案等数字化资源，满足读者随时随地获取信息的需求。

应对创新：图书馆应建设现代化的数字资源平台，提供便捷的数字检索和借阅服务；推广移动图书馆 APP，方便读者在移动设备上使用图书馆资源；开展数字素养培训，提升读者的信息技能。

个性化服务和用户体验：读者对于个性化服务的需求日益增加，图书馆应根据读者的兴趣、学科需求等，提供定制化的资源推荐、咨询引导，增强用户体验。

应对创新：图书馆应建立读者画像，通过数据分析了解读者需求，提供个性化的推荐服务；开展读者调查，收集反馈意见，优化服务模式。

社区融合与社会参与：图书馆越来越被视为社区文化中心，应该与社区深度融合，通过举办社区活动、文化交流，为社区居民提供教育、娱乐和社交的场所。

应对创新：图书馆应开展面向社区的主题展览、讲座、座谈会等，满足不同社区居民的需求；鼓励社会群体参与图书馆活动，增强社会融合。

跨界合作与资源共享：图书馆越来越注重与其他机构的合作，通过馆际互借、联合采购等方式，实现资源的共享，拓展馆藏范围。

应对创新：图书馆应积极寻求合作伙伴，与学校、博物馆、科研机构等合作举办活动，提供跨界的知识体验；建立区域图书馆网络，实现资源共享和互借。

智能化与人工智能应用：人工智能技术在图书馆服务中的应用逐渐增多，包括智能检索系统、语音助手、自动化管理等，提高服务效率和用户体验。

应对创新：图书馆应探索智能化服务，推出智能咨询、预约系统，减少读者排队等待时间；引入人工智能技术，对读者阅读偏好进行分析，优化资源推荐。

文化创意与创新空间：图书馆不再仅仅提供传统的阅读服务，还致力于创造多样的文化创意体验，如创客空间、艺术展览等，激发读者的创造力。

应对创新： 图书馆应建设多功能的创意空间，提供 3D 打印、VR 体验等设施，支持读者进行创意制作；举办艺术展览、文化节等，吸引更多的文化创意活动。

跨学科知识服务：现代社会越来越强调跨学科的知识交叉，图书馆应为读者提供多学科、多领域的知识资源，满足跨学科学习和研究的需求。

应对创新： 图书馆应建设多学科的馆藏，涵盖人文、科技、社会等多个领域的资源；开展跨学科的讲座、讨论会等，促进不同领域的交流。

环境可持续与社会责任：图书馆逐渐关注可持续发展和社会责任，在资源采购、馆藏管理等方面考虑环保和社会效益。

应对创新： 图书馆应推动数字化资源，减少纸质资源的消耗；开展环保教育，引导读者节约用纸、低碳环保。

新的图书馆服务。在不断变化的社会环境中，图书馆作为知识和文化的传播者，需要不断调整和优化自身的服务模式，以满足读者的多样化需求。以下是关于图书馆服务发展趋势的更详细探讨：

数据驱动的决策：随着数字化服务的增加，图书馆能够收集更多的数据，从读者的借阅行为、使用偏好到活动参与等，这些数据可以用来分析和预测用户需求，指导图书馆的决策。

应对创新： 图书馆应投资建设数据分析系统，以深入了解用户行为，优化资源的采购和配置；通过数据分析，为特定群体推出有针对性的活动和服务。

跨界合作和全球合作：图书馆服务越来越注重与其他国家、地区的图书馆合作，实现全球资源的共享。同时，与其他文化机构、教育机构的合作也将进一步拓展服务领域。

应对创新： 图书馆可以加强国际合作，与其他图书馆共享资源，举办国际性的展览、活动；与学校、社会组织合作，共同推出综合性的知识普及项目。

参与性和创新性的活动：图书馆不再只是提供资源，还将更加注重创造性、参与性的活动，例如社区讨论、主题沙龙、科技创新等，激发读者的思维和创造力。

应对创新： 图书馆应鼓励读者参与活动的策划和组织，提供平台让读者分享自己的专业知识和兴趣爱好；举办创新比赛、科技竞赛，激发青少年的创新热情。

融合式空间设计：图书馆空间不再仅限于书库，还包括创客空间、阅读角落、多功能厅等，以满足不同读者的需求，创造多元化的学习和文化体验。

应对创新：图书馆应根据读者需求和社会发展趋势，进行空间布局的创新设计，提供更加多元化的学习和交流环境。

知识管理与咨询服务：随着信息爆炸和碎片化的特点，图书馆将不仅仅提供资源，还将扮演更重要的角色，帮助读者整理、筛选和管理信息，提供有价值的咨询服务。

应对创新：图书馆应加强信息素养培训，帮助读者提高信息检索和分析能力；提供在线咨询平台，回答读者关于资源、学术等方面的问题。

增强社交化体验：图书馆将更多地关注社交化体验，提供社交媒体平台、在线社区等，鼓励读者在虚拟世界中分享阅读和学习的体验。

应对创新：图书馆可以建立在线社区，让读者在虚拟空间中互动交流；在实体图书馆举办社交活动，促进读者之间的交流和互动。

个人品牌和定制化服务：图书馆将鼓励读者在自己的兴趣领域建立个人品牌，同时为读者提供更加个性化、定制化的服务，满足个体化的需求。

应对创新：图书馆可以开设培训课程，帮助读者提升自己在特定领域的影响力；提供个性化的资源推荐、学术导读等服务。

综上所述，图书馆服务的发展趋势呈现多样性和前瞻性，涵盖了数字化转型、用户体验、社区融合、创新应用等多个方面。图书馆应积极拥抱变化，以创新的服务应对时代趋势。

小结

图书馆服务作为文化、教育和知识传播的重要组成部分，具有独特的特点、遵循一系列原则，并在不断发展中呈现出多样化的趋势。其特点在于平等性、开放性、多样性、专业性、可及性、持续性、反馈与改进、创新性、社区融合和可持续发展。在这些特点的指导下，图书馆服务始终关注满足读者的知识和文化需求，致力于为社会提供公共性、开放性、多元性的资源和活动。

同时，图书馆服务遵循平等、开放、多样、专业、可及、持续、反馈与改进、创新、社区融合以及可持续发展等原则，确保服务的质量、平等性、可持续性和适应性。这些原则指导着图书馆不断优化自身服务模式，以适应时代变化和读者多样化需求，推动个人和社会的发展。

随着信息技术的迅猛发展，图书馆服务正处于数字化转型的浪潮之中。数字化资源的提供、个性化服务的强调、社区融合的加强以及智能化技术的应用，成为发展趋势中的重要方向。与此同时，图书馆将越来越注重与其他机构的合作、全球资源的共享，以及环境可持续性和社会责任的考虑。融合式空间设计、知识管理与咨询服务、参与性和创新性的活动，也将进一步增强图书馆的功能和吸引力。

这些发展趋势在整体上体现了图书馆服务的不断创新和进化，以适应当今社会的需求和变化。图书馆作为社会中的重要知识和文化资源中心，将继续发挥其独特的作用，为个人和社会提供知识、启发和交流的平台，推动着人类的智慧和文明的前进。

第四章　新媒体技术在图书馆服务中的应用

　　新媒体技术的迅速发展已经深刻影响了各个领域，图书馆作为文化传承和知识传播的重要机构，也积极探索并应用新媒体技术，以满足读者的需求，提升服务质量。本文将详细论述新媒体技术在图书馆服务中的应用，包括数字化资源、社交媒体、虚拟现实、智能化服务等方面。

　　新媒体技术在图书馆服务中的应用为图书馆带来了许多机遇和创新。通过数字化资源的提供、社交媒体的互动、虚拟现实技术的运用、智能化服务的实现等，图书馆能够更好地满足读者的需求，提升服务的质量和效率。然而，在应用新媒体技术的过程中，图书馆也需要注意保护用户隐私、确保信息安全等问题，以确保服务的可靠性和可信度。未来，随着新媒体技术的不断发展，图书馆的服务模式也将进一步丰富和创新。

　　新媒体技术在图书馆服务中的应用已经引领了图书馆服务模式的深刻变革，为读者提供了更加便捷、丰富、个性化的知识体验。随着信息技术的迅猛发展，图书馆已经成为了数字化时代知识传播的重要阵地，新媒体技术在其中发挥着积极作用。

　　首先，新媒体技术极大地拓展了图书馆资源的传播渠道。数字化资源的充分利用，包括电子书、在线期刊、数字档案等，使得读者可以随时随地获取所需信息，不再受限于地点和时间。无论是在家、在路上，还是在图书馆内，读者都可以通过新媒体技术进行信息检索、资源浏览和阅读，实现了知识的全面覆盖。

　　其次，新媒体技术丰富了图书馆的服务内容。在线数据库、数字展览、虚拟参观等应用，使图书馆的服务不再局限于传统的借阅和阅读，还包括了知识展示、文化体验、创意交流等多个方面。通过多媒体、图像、视频等形式，图书馆可以更生动地呈现资源，满足读者多样化的学习和娱乐需求。

　　第三，新媒体技术增强了图书馆的互动性和参与性。社交媒体、在线社区等平台的运用，使得读者可以更方便地与图书馆、馆员以及其他读者进行交流和互动。读者可以通过评论、分享、讨论等方式，参与到知识传播的过程中，共同构建一个知识共享的社群。

此外，新媒体技术也提升了图书馆的个性化服务。基于数据分析的个性化推荐系统，可以根据读者的兴趣、历史阅读记录等，为其精准推荐合适的资源和活动。通过人工智能技术，图书馆可以更好地理解读者需求，实现定制化的服务，让每位读者都能获得个人化的知识体验。

然而，新媒体技术的应用也带来了一些挑战，包括信息真实性的把控、隐私保护等问题。因此，在应用新媒体技术时，图书馆需要加强信息审核、提供信息素养培训等，确保读者获得高质量、可靠的知识资源。

综上所述，新媒体技术在图书馆服务中的应用已经深刻改变了图书馆的角色和功能。它为读者提供了更多元、更便捷、更互动的知识体验，同时也促使图书馆不断创新，适应数字化时代的需求，为个人和社会提供持续发展的知识平台。

第一节　网络媒体在图书馆服务中的应用

网络媒体在图书馆服务中的应用已经在知识传播和读者互动方面产生了深远的影响。它为图书馆创造了全新的服务模式和交流渠道，使得图书馆能够更好地满足读者的信息需求和文化追求。以下是关于网络媒体在图书馆服务中应用的详细论述：

1. 数字资源的传播与访问：

网络媒体为图书馆提供了数字资源的广泛传播渠道，包括电子书、在线期刊、数字档案等。通过在线平台，读者可以随时随地访问这些资源，不再受制于时间和地点的限制。这种便捷的访问方式极大地提高了知识获取的效率，使得读者可以更方便地获取所需信息。

2. 虚拟展览和文化推广：

网络媒体使得图书馆可以举办虚拟展览，通过图像、视频等多媒体形式展示馆藏资源和文化内容。这种展览不再受制于物理空间，可以触达更多的受众。图书馆可以通过社交媒体等平台，将文化推广活动传播开来，吸引更多读者的参与和关注。

3. 个性化服务和资源推荐：

基于网络媒体技术，图书馆可以建立个性化推荐系统，根据读者的阅读历史、兴趣偏好等，为其精准推荐合适的资源和活动。这种个性化的服务能够提高读者满意度，使他们更容易找到符合自己需求的内容。

4. 在线互动和社区建设：

网络媒体促进了图书馆与读者之间的更紧密互动。通过社交媒体、博客、在线讨论等平台，图书馆可以与读者实时互动，回答问题、提供建议。同时，图书馆还可以建设在线社区，使得读者可以在虚拟空间中分享阅读体验、交流思想，形成一个积极互动的知识社群。

5. 在线学习和培训：

网络媒体为图书馆提供了开展在线学习和培训的平台。图书馆可以通过网络举办各种主题的讲座、研讨会、课程等，使得读者可以在家或办公室参与学习，提升自己的知识和技能。

6. 数据分析和服务优化：

网络媒体产生大量的用户数据，图书馆可以通过数据分析了解读者的兴趣、阅读习惯等，从而优化自身的服务。例如，了解哪些资源受欢迎，哪些活动得到较高的参与度，可以帮助图书馆更有针对性地进行资源采购和活动策划。然而，网络媒体应用也面临着信息真实性、隐私保护等问题。图书馆需要加强信息审核、提供信息素养教育，确保读者获取到的信息是准确可靠的。

7. 数字化资源的提供：

新媒体技术为图书馆带来了数字化资源的机会，图书馆可以通过数字化平台提供电子书、在线期刊、数据库等，使读者可以随时随地获取信息。数字化资源不仅方便读者，还节省了物质和空间成本，扩大了资源的覆盖范围。如，图书馆建立数字资源平台，提供丰富的电子图书、学术期刊和多媒体资料；推出在线阅读服务，让读者在家或办公室就可以阅读图书馆的资源。

8. 社交媒体的互动与传播：

社交媒体成为人们获取信息和交流的重要途径，图书馆可以通过社交媒体平台与读者互动，传播图书馆资源和活动信息，增强图书馆与读者的联系。

应用实例：图书馆建立社交媒体账号，发布图书推荐、活动信息、文化讲座等内容；通过社交媒体平台与读者互动，回答读者的问题，收集反馈意见。

9. 虚拟现实与增强现实技术：

虚拟现实（VR）和增强现实（AR）技术为图书馆带来了全新的体验，读者可以通过头戴设备或移动设备参与虚拟参观、互动游戏、沉浸式学习等，丰富了图书馆的服务内容。

应用实例：图书馆建立虚拟图书馆，利用 VR 技术让读者远程参观图书馆，浏览馆内设施；开展 AR 互动活动，让孩子们在图书馆内体验虚拟游戏、学习。

10. 智能化服务与机器人应用：

智能化技术如人工智能和机器人在图书馆的应用也逐渐增多，自动借还书机、智能咨询系统、语音助手等为读者提供了更便捷和高效的服务。

应用实例： 图书馆引入自助借还书机，读者可以在无人值守的情况下完成借还书流程；推出智能咨询机器人，回答读者的常见问题，提供 24 小时在线服务。

11. 线上活动与学习平台：

新媒体技术使得图书馆能够开展更多线上活动和学习平台，通过网络直播、网络讲座等方式，为读者提供多样化的学习和娱乐体验。

应用实例： 图书馆举办在线讲座、研讨会，邀请专家学者进行知识分享；开设在线学习平台，提供丰富的学术和兴趣课程，让读者随时随地学习。

12. 数据分析与个性化推荐：

新媒体技术为图书馆提供了更多数据收集和分析的机会，图书馆可以根据读者的阅读历史、兴趣等信息，提供个性化的资源推荐，提升服务满意度。

应用实例： 图书馆利用数据分析工具，了解读者的阅读偏好和借阅习惯，为其推荐符合兴趣的书籍、文章等资源。

13. 跨界合作与资源共享：

新媒体技术使得图书馆与其他机构更便捷地开展合作，可以在数字化平台上实现资源共享，扩大资源覆盖范围，丰富服务内容。

应用实例： 图书馆与其他图书馆、博物馆、学校等建立合作关系，在数字平台上共享资源，使读者可以获取更丰富的知识和文化资料。

14. 信息可视化和多媒体展示：

网络媒体为图书馆提供了展示资源的多元形式，如图像、视频、音频等。这种多媒体的呈现方式使得资源更加生动，能够激发读者的兴趣。例如，图书馆可以通过视频介绍馆藏珍品，通过图片展示特别收藏，使读者更好地了解和体验馆内资源。

15. 虚拟图书馆和数字图书馆：

网络媒体技术的应用使得图书馆可以建设虚拟图书馆和数字图书馆，将实体馆藏资源数字化，提供在线访问。这不仅为读者提供了更大的访问便利性，也促进了图书馆资源的长期保存和共享。

16. 社交媒体营销和互动：

图书馆可以通过社交媒体平台，如微博、微信公众号、Instagram 等，与读者进行实时互动。发布图书推荐、活动信息、文化知识等，吸引读者的关注和参与，增加图书馆的曝光度和影响力。

17. 虚拟参观和远程服务：

利用网络媒体，图书馆可以提供虚拟参观功能，让读者在不到现场的情况下，通过网络平台进行图书馆的实地探索。此外，通过在线咨询、远程参与活动等方式，将服务延伸到不同地区的读者，提高服务的覆盖范围和便捷性。

18. 在线资源培训和学习：

通过网络媒体，图书馆可以举办各种形式的在线资源培训和学习活动。例如，开设数据库使用培训、信息检索技巧讲座等，帮助读者更好地利用图书馆提供的资源。

19. 读者互动平台和反馈机制：

网络媒体为图书馆搭建了读者互动的平台，读者可以通过评论、留言、投票等方式表达自己的看法和需求。图书馆可以根据读者的反馈，不断改进服务，提升满意度。

20. 数据分析和个性化推荐：

网络媒体产生了大量的用户数据，图书馆可以利用数据分析技术，深入了解读者的兴趣爱好和需求。基于数据分析，图书馆可以为不同群体的读者推荐个性化的资源和活动，提升服务的针对性和吸引力。

综上所述，网络媒体在图书馆服务中的应用呈现出多样化和创新性。通过充分发挥网络媒体技术的优势，图书馆可以在资源传播、互动交流、个性化服务等方面实现更高效、更全面的服务。然而，要确保网络媒体应用的成功，图书馆需要关注信息安全、用户隐私保护等问题，同时不断关注读者的需求和反馈，不断完善服务模式，创造更好的图书馆体验。

网络媒体在图书馆服务中的应用已经赋予图书馆更多的机会和挑战。它不仅丰富了服务内容和形式，还加强了图书馆与读者之间的互动和联系。通过合理利用网络媒体技术，图书馆可以更好地满足读者的多样化需求，推动知识的传播和社会的发展。

第二节 手机媒体在图书馆服务中的应用

手机媒体在图书馆服务中的应用已经成为了图书馆服务模式的重要创新，为读者提供了更便捷、实时、个性化的知识体验。手机媒体的广泛应用使得图书馆能够更好地满足不同读者的需求，同时也拓展了图书馆的服务范围。以下是手机媒体在图书馆服务中应用的详细说明：

一、手机 APP 和移动网站

图书馆可以开发手机应用程序（APP）或移动网站，供读者下载或浏览。通过这些应用，读者可以随时随地访问图书馆的资源和服务，包括搜索图书、查看馆藏、借阅预约、参与活动等。这种便捷的访问方式使得读者无需前往图书馆，即可享受到丰富的服务。

手机 APP 和移动网站作为图书馆服务的重要应用方式，在数字化时代为读者带来了前所未有的便捷性和个性化体验。这种应用不仅满足了读者的信息需求，也推动了图书馆服务模式的创新和发展。

首先，手机 APP 和移动网站为读者提供了 24 小时不间断的图书馆服务。传统图书馆的开放时间受限于工作日和工作时间，但手机应用和移动网站的应用使得读者可以随时随地访问图书馆资源和服务，解决了时间和空间上的限制。无论是在家、在公共交通中，甚至在休闲时光，读者都可以方便地浏览馆藏、借阅图书、参与活动等。

其次，手机 APP 和移动网站为图书馆打造了个性化的服务体验。通过登录个人账户，读者可以获得针对性的推荐资源、活动信息，甚至查看自己的借阅历史和预约情况。这种个性化的服务不仅提高了读者的满意度，也有助于吸引更多读者参与到图书馆的活动中来。

此外，手机应用和移动网站的应用促进了图书馆资源的数字化和在线共享。借助这些应用，图书馆可以将实体馆藏数字化，让读者能够在线阅读电子书、期刊、报纸等数字资源。这种数字化传播模式不仅节省了纸质资源的空间和成本，还实现了资源的可持续访问和共享。

同时，手机 APP 和移动网站还提供了互动交流的平台。通过评论、点赞、分享等功能，读者可以表达自己的意见、分享阅读体验，与其他读者互动交流。这种互动性使得图书馆不再是单向的知识传播者，而成为了一个知识共享的社区。

然而，在应用手机 APP 和移动网站时，也面临一些挑战。例如，不同移动设备的屏幕大小和操作系统差异可能影响用户体验，需要图书馆进行适配和优化。另外，信息安全和隐私保护也是一个重要考虑因素，图书馆需要采取措施确保用户数据的安全。

综上所述，手机 APP 和移动网站的应用为图书馆服务带来了极大的便利和创新。通过这些应用，图书馆能够实现全天候的服务、个性化的推荐、数字化资源的传播以及互动交流，满足了不同读者的多样化需求，同时也为图书馆赋予了更广阔的发展空间。

二、手机借阅和归还

借助手机媒体，图书馆可以实现手机借阅和归还的功能。读者可以通过手机 APP 扫描图书的条码，实现自助借阅和归还，不仅节省了时间，还提升了借阅流程的效率。

手机媒体在图书馆服务中的应用之一，就是通过手机实现借阅和归还图书的功能，这一应用极大地提升了图书馆服务的效率和便捷性。

传统的图书借还流程需要读者亲自前往图书馆，通过人工操作完成借还手续。然而，随着手机媒体技术的普及，图书馆借阅和归还功能的数字化已成为可能。这一应用的核心在于借助手机 APP，读者可以直接通过扫描图书的条码，完成自助借阅和归还过程。

便捷性和时间效益：手机媒体的这一应用带来了巨大的便利。读者不再需要在繁忙的日程中专门安排时间前往图书馆，只需打开手机 APP，扫描图书的条码，就能轻松完成借阅和归还。这节省了宝贵的时间，让读者能够更有效地利用时间进行学习和阅读。

减轻人工压力：手机媒体的自助借还功能还能够减轻图书馆工作人员的工作压力。传统借还过程需要人工处理借书卡、扫描条码等步骤，而通过手机 APP，读者自主完成这些步骤，从而减少了人工干预的需求，使馆员能够将更多精力投入到其他重要的服务领域。

防止人为错误：人工借还过程中，由于操作繁琐、人为因素等原因，可能会出现借还错误的情况。而手机媒体的自助功能减少了人为操作，降低了错误的风险。读者只需在手机上确认操作，系统就会自动记录借还信息，提高了数据的准确性。

然而，虽然手机媒体的自助借还功能带来了许多优势，但也需要注意一些潜在问题。例如，用户可能需要在使用前下载和安装图书馆的手机 APP，这要求用户有一定的技术能力；此外，可能会有少数读者对新技术持怀疑态度，对于他们来说，可能需要更多的指导和培训。

总之，手机媒体在图书馆服务中的自助借还功能是一项具有潜力的创新应用，它通过数字化技术为读者提供更便捷、高效的借阅和归还体验，减轻了馆员的工作压力，提升了服务质量。然而，图书馆需要在推广这一功能时，充分考虑不同读者群体的需求和技术能力，确保用户能够顺利使用并从中获益。

三、个性化推荐和提醒

基于读者的历史借阅记录、搜索偏好等,图书馆可以开发智能推荐系统,为每位读者提供个性化的资源推荐。同时,通过手机媒体,图书馆可以发送提醒通知,包括还书提醒、活动通知等,使读者不会错过重要信息。

个性化推荐和提醒是手机媒体在图书馆服务中的一个重要应用领域,它不仅满足了读者个性化需求,也提升了图书馆服务的精细化管理。通过手机媒体技术,图书馆可以更好地了解读者的兴趣、喜好和阅读习惯,进而为每位读者量身定制推荐的资源和提醒信息。

首先,个性化推荐能够优化读者的阅读体验。随着图书馆资源的增加,读者往往面临信息过载的问题,难以找到适合自己的资源。通过手机媒体应用,图书馆可以根据读者的历史借阅记录、搜索行为等数据,利用数据分析技术进行深入分析,从中发现潜在的兴趣和偏好。借助智能算法,图书馆可以向读者推荐更加符合其阅读口味的书籍、文章、活动等。这种个性化推荐不仅提高了资源利用率,也使得读者更容易找到感兴趣的内容,提升了阅读的满足感和深度。

其次,个性化提醒能够增强读者的参与和活跃度。图书馆可以通过手机媒体向读者发送有关借阅到期、新书上架、活动通知等提醒信息。这种提醒功能不仅帮助读者避免逾期问题,还让读者及时了解馆内动态,提高参与图书馆活动的意愿。例如,当某位读者借阅的书籍即将到期时,图书馆可以通过手机APP发送提醒通知,提醒其归还或续借,避免逾期费用的产生。

此外,个性化推荐和提醒还有助于加深图书馆与读者之间的互动。通过手机媒体,图书馆可以与读者建立更为紧密的联系,了解他们的需求和反馈。读者对推荐结果的反馈和点击行为,都可以成为图书馆改进推荐算法、优化服务的依据。在提醒方面,及时的信息推送不仅体现了图书馆的关怀,也方便了读者的使用,增强了读者对图书馆的信任感和依赖感。

然而,在个性化推荐和提醒应用中,隐私保护是一个需要特别关注的问题。图书馆需要确保读者的个人信息和阅读记录得到充分的保护,不会被滥用或泄露。同时,个性化推荐也需要避免过于狭隘的推荐,防止陷入"信息茧房",应该保持一定程度的多样性,引导读者拓展阅读兴趣。

综上所述,个性化推荐和提醒是手机媒体在图书馆服务中的重要应用,它在满足读者需求、增强互动和提升服务效果方面具有显著的作用。通过合理利用数据分析和智能算法,图书馆可以为每位读者打造独特的阅读体验,进一步提升了图书馆服务的质量和影响力。

四、在线咨询和答疑

手机媒体为图书馆提供了在线咨询的平台。通过 APP 或移动网站，读者可以向图书馆咨询问题、寻求答疑，馆员也可以即时回复，提供帮助。这种实时互动的方式增强了读者与图书馆之间的联系。

在线咨询和答疑是手机媒体在图书馆服务中的重要应用之一，它通过手机 APP 或移动网站为读者提供了实时、便捷的咨询渠道，增强了读者与图书馆之间的互动和联系。这种应用不仅方便了读者获取信息，还提升了图书馆的服务效能。下面将深入分析在线咨询和答疑在图书馆服务中的应用，以及其所带来的影响。

首先，在线咨询和答疑为读者提供了随时随地获取帮助的机会。通过手机媒体，读者无需到图书馆现场，即可向馆员提出问题、寻求答疑。这种便捷性特别适合那些无法亲临图书馆的读者，例如工作繁忙的上班族或远程学习的学生。在线咨询不受时间和地点的限制，读者可以在自己方便的时候发送问题，馆员也可以在适当的时间回复，实现了信息的及时传递。

其次，在线咨询和答疑促进了读者与图书馆之间的实时互动。通过手机媒体平台，读者与馆员可以进行即时的对话交流，不仅解答问题，还可以就相关主题进行深入的讨论。这种互动不仅加强了读者对于资源和服务的了解，还营造了一个开放、友好的交流氛围，增加了读者对图书馆的归属感和满意度。

此外，在线咨询和答疑有助于解决读者的困惑和问题。在图书馆的广泛资源中，读者可能会遇到搜索困难、信息理解等问题。通过在线咨询，读者可以得到针对性的解答和指导，帮助他们更好地利用图书馆资源，提升信息素养。这种一对一的解答方式，能够根据读者的具体问题进行详细说明，帮助他们更好地消除疑虑，提高学习效果。

然而，在线咨询和答疑也面临一些挑战。首先是人力资源的需求，因为实时回复读者的问题需要足够的馆员参与。其次是问题的质量和复杂性，有些问题可能需要较长篇幅的解答，或涉及专业领域，需要馆员具备丰富的知识储备和解答经验。

综上所述，在线咨询和答疑是手机媒体在图书馆服务中的重要应用，它通过实时互动、个性化解答等方式，为读者提供了高质量、便捷的信息咨询服务。这种应用有效地弥补了传统图书馆服务的限制，使得图书馆能够更好地满足读者的需求,提升了服务质量和读者满意度。在未来,随着技术的不断进步,图书馆可以进一步完善在线咨询和答疑的机制,提高馆员的咨询技能,为读者提供更加优质的服务体验。

五、在线学习和培训

手机媒体使得图书馆能够提供在线学习和培训的机会。图书馆可以通过手机 APP 提供在线课程、讲座、研讨会等,让读者能够随时随地参与学习,提升知识水平。

在线学习和培训是手机媒体在图书馆服务中的一个重要应用领域,它为图书馆打造了一个开放、灵活的学习平台,能够满足不同读者的知识需求,促进知识传播和个人成长。通过在线学习和培训,图书馆的服务不再局限于传统的借阅与咨询,而是将其扩展为一个知识创造、共享和交流的场所。

首先,在线学习和培训通过手机媒体为读者提供了随时随地获取知识的机会。读者不再受限于地点和时间,可以在家、在公共交通工具上、在办公室等各种场合,通过手机 APP 或移动网站参与学习。这种便捷性使得学习不再受制于固定的课堂时间和地点,有效地利用碎片时间,提高了学习效率。

其次,手机媒体的在线学习和培训为读者提供了多样化的学习资源。图书馆可以通过手机平台提供各种主题的在线课程、讲座、研讨会等,覆盖文化、科技、人文等各个领域。这些资源可以由图书馆自身策划,也可以与外部机构合作,丰富图书馆的教育内容,满足读者多样化的学习兴趣和需求。

另外,在线学习和培训通过手机媒体也可以增强读者的互动和参与感。许多在线学习平台支持讨论区、在线提问等功能,读者可以与其他学习者和导师进行互动交流,分享学习体验、解答疑问。这种社交化的学习环境激发了读者的参与热情,创造了更加积极的学习氛围。

值得强调的是,手机媒体在在线学习和培训中也需要注意质量和内容的把控。图书馆需要确保提供的课程内容真实、权威,符合教育目标,不断进行更新和改进。此外,图书馆还应关注用户体验,确保在线学习平台的界面友好、操作简便,以提供良好的学习体验。

综上所述,手机媒体的在线学习和培训应用为图书馆服务带来了巨大的拓展和创新。通过提供便捷的学习渠道、多样化的学习资源以及互动交流的机会,图书馆能够更好地满足读者的学习需求,推动知识的传播和个人的进步。这不仅符合图书馆作为知识传播中心的使命,也为读者提供了更加丰富、灵活的学习体验。

六、数字资源访问和阅读

通过手机媒体,读者可以访问图书馆的数字化资源,如电子书、在线期刊等。手机屏幕适合阅读,读者可以在手机上浏览、阅读这些资源,而无需使用电脑或到图书馆。

第六条关于数字资源访问和阅读的应用,充分展示了手机媒体在图书馆服务中的重要性。通过手机媒体,图书馆可以使读者更方便地访问和阅读数字资源,从而提供了更加便捷、灵活的知识获取途径。

在过去,读者需要亲自前往图书馆或使用个人电脑才能访问数字资源。然而,随着移动设备的普及,手机媒体成为了一个更加便捷的途径。读者可以通过手机APP或移动网站,随时随地访问到图书馆的数字资源,包括电子书、在线期刊、数据库等。这种便捷性不仅提高了知识获取的效率,还使得阅读变得更加灵活。例如,人们可以在公共交通工具上、在等候的过程中,甚至是在床上,通过手机进行阅读,有效利用碎片时间。

此外,手机媒体也为数字资源的阅读提供了更加舒适的阅读环境。许多手机APP具备阅读模式,可以调整屏幕亮度、字体大小和背景颜色,以满足不同读者的阅读习惯和需求。这种个性化的阅读体验可以降低阅读的疲劳感,增强了读者的持续阅读兴趣。

更进一步地,通过手机媒体,图书馆可以将数字资源与其他资源进行更紧密的整合,提供更丰富的阅读体验。例如,读者在手机上阅读电子书的同时,还可以通过链接访问相关的在线期刊文章、参考资料等,实现全面的知识获取。这种综合性的服务有助于读者更全面地理解和掌握所需的知识内容。

然而,在数字资源访问和阅读过程中,也存在一些挑战。手机屏幕相对较小,可能会影响长时间阅读的舒适性。此外,数字资源的版权保护和访问权限等问题也需要得到妥善解决。因此,图书馆在应用手机媒体进行数字资源访问和阅读时,需要关注阅读体验的优化、版权合规性等问题,确保读者能够获得高质量、合法合规的阅读体验。

综合而言,手机媒体在数字资源访问和阅读方面的应用,极大地提升了图书馆服务的便捷性和灵活性。通过手机媒体,图书馆将数字资源带到了读者的手中,使得知识获取不再受时间和地点的限制。这种应用不仅丰富了读者的阅读体验,还提升了图书馆的服务水平,为知识传播和学习提供了更加广泛和灵活的渠道。

七、虚拟参观和导航

利用手机媒体，图书馆可以开发虚拟参观功能。通过 APP，读者可以进行图书馆虚拟导览，了解图书馆布局和资源分布，提前规划访问路线。

虚拟参观和导航是手机媒体在图书馆服务中的一项重要应用，它通过技术手段为读者创造了虚拟的图书馆参观体验和导航指引。这项应用极大地拓展了图书馆服务的维度，为读者提供了更便捷、直观、实用的服务体验。

首先，虚拟参观通过手机媒体技术，为读者提供了在实际到访之前先行进行虚拟参观的机会。读者可以通过手机 APP，在家中、办公室或任何有网络连接的地方，通过虚拟导览功能浏览图书馆的各个区域、楼层和设施。这为读者规划参观路线提供了有益的指引，有助于他们在实际到达图书馆时更加明确地了解馆内布局和资源分布，节省时间和精力。

其次，虚拟导航是在实际到馆后，通过手机媒体引导读者更快、更准确地找到所需资源或服务的应用。通过手机 APP，读者可以查找特定图书、学习区域、活动场地等，并获得详细的导航信息。手机媒体利用室内定位技术，能够为读者提供实时的导航指引，告知他们如何前往目的地，缩短寻找的时间，提升了访问效率。

此外，虚拟参观和导航应用还增强了图书馆的开放性和包容性。对于一些可能因时间、地点或其他因素无法到访图书馆的人群，虚拟参观使他们也能够了解图书馆的环境，感受到图书馆的氛围，促进了知识的传播。而对于新生、外来读者等，虚拟导航则能够帮助他们更快地熟悉图书馆的布局，更快地适应馆内环境。

然而，虚拟参观和导航应用也需注意一些挑战。例如，室内定位技术的精准度和可靠性，需要持续改进，以确保读者能够准确找到目的地。同时，用户体验也需要考虑，界面的友好性和操作的简便性都对于提供良好的应用体验至关重要。

综上所述，虚拟参观和导航是手机媒体在图书馆服务中的重要应用，通过提供虚拟参观和实时导航功能，为读者提供了更便捷、直观的图书馆体验。这种应用不仅有助于提升图书馆的服务效率和用户体验，还扩展了图书馆的辐射范围，使更多人能够获得知识和文化的启发。

八、社交媒体互动

图书馆可以通过手机媒体与读者在社交媒体上进行互动。发布图书推荐、活动信息，鼓励读者在社交媒体上分享阅读体验，扩大图书馆的影响力和宣传效果。

社交媒体互动在图书馆服务中的应用，以其丰富的互动形式和广泛的传播途径，为图书馆带来了许多机会和挑战。通过社交媒体，图书馆可以与读者建立更紧密的联系，促进知识传播、资源共享，同时也需要关注信息传播的可靠性和隐私保护等问题。

首先，社交媒体互动为图书馆提供了与读者实时互动的平台。社交媒体的即时性特点使得图书馆能够发布最新的图书推荐、活动信息等，吸引读者的注意并促使他们参与讨论。通过评论、点赞、分享等功能，读者可以迅速与图书馆互动，表达自己的看法和兴趣。

其次，社交媒体互动加强了图书馆与读者之间的沟通和反馈。图书馆可以在社交媒体上开展问答、投票、调查等活动，直接听取读者的意见和需求。这种实时的反馈机制使得图书馆能够更加敏锐地了解读者的期望，调整服务内容和策略。

社交媒体互动还能够扩大图书馆的影响力和知名度。通过社交媒体，图书馆可以跨足时空的限制，将资源和活动信息传播到更广泛的受众中。读者可以通过分享、转发等方式，将有关图书馆的信息传播给更多人，从而扩大了图书馆的宣传范围。

然而，社交媒体互动也带来了一些挑战，尤其是信息的真实性和隐私问题。社交媒体上的信息传播速度快，但也容易出现谣言、虚假信息等问题，图书馆需要引导读者辨别信息的真实性。另外，图书馆在使用社交媒体时需要谨慎处理读者的隐私，保护其个人信息不被滥用。

为了最大程度地发挥社交媒体互动的优势，图书馆需要制定明确的社交媒体使用策略。这包括选择适合的社交媒体平台、发布内容的定时和方式，确保信息的准确性和一致性。图书馆还需要建立有效的互动机制，积极回应读者的问题和反馈，建立信任与合作的关系。

总之，社交媒体互动在图书馆服务中的应用为图书馆带来了更紧密的联系、更广泛的传播和更高效的反馈机制。通过合理规划和有效运用，图书馆可以借助社交媒体打造更具活力、更互动的知识传播平台，与读者一同推动知识的传播与共享。

九、参与性活动和投票

手机媒体为图书馆举办参与性活动提供了便捷的渠道。通过 APP 或移动网站，图书馆可以开展线上投票、读书社区讨论等活动，激发读者的参与热情。

第九条关于参与性活动和投票在图书馆服务中的应用，是指通过手机媒体为读者提供了一个互动性极强的平台，使他们能够积极参与到图书馆举办的各种活动和决策过程中。这种应用不仅促进了读者与图书馆之间的互动，还强化了读者的参与感和社区归属感，进一步丰富了图书馆的服务内涵。

首先，参与性活动和投票通过手机媒体的方式，使得图书馆能够灵活地组织多样化的活动，如读书分享、主题讨论、创意比赛等。这些活动可以在线上平台上发起，无论读者身在何处，都能轻松参与。例如，图书馆可以举办线上书评征集活动，鼓励读者分享自己的阅读感受和见解。这不仅让读者更有主动参与的机会，也能够丰富图书馆的内容，激发更多人的阅读兴趣。

其次，通过在线投票，图书馆可以邀请读者参与决策，如选定下一个阅读主题、确定举办的活动类型等。这种民主决策的方式不仅增强了读者对图书馆的归属感，还使他们在图书馆的发展中具有更直接的影响力。例如，图书馆可以在手机 APP 上进行投票，询问读者对于下一个月的主题展览的意见，从而更好地满足读者的需求。

此外，参与性活动和投票也有助于营造积极的读者社区氛围。通过手机媒体，读者可以在线上与其他志同道合的读者进行互动交流，分享阅读心得，讨论书籍内容。这种互动促进了读者之间的相互联系和交流，形成了一个共同追求知识和文化的社群。

然而，图书馆在推行参与性活动和投票时也需要注意一些问题。首先，活动的主题和形式要与读者的兴趣和需求相匹配，避免无效的推广。其次，投票结果需要得到充分的考虑和权衡，确保决策的公平性和合理性。同时，图书馆需要建立健全的活动规则和互动机制，保证互动过程的秩序和有效性。

综上所述，参与性活动和投票作为手机媒体在图书馆服务中的应用，不仅为读者提供了更多参与的机会，还促进了读者与图书馆之间的互动和交流。这种应用在丰富图书馆服务内涵、增强读者参与感、打造积极社区氛围方面具有重要作用，也使图书馆服务更加贴近读者需求，推动了图书馆的进一步发展。

十、数据分析和服务优化

手机媒体产生的用户数据可以为图书馆提供重要参考。通过数据分析，图书馆可以了解读者的使用习惯、兴趣偏好等，从而优化资源采购、活动策划等方面的服务。在数字化时代，图书馆通过手机媒体应用可以收集到大量的用户数据，如阅读习惯、搜索记录、借阅频率等。这些数据具有宝贵的信息价值，通过合理的数据分析，图书馆可以获取以下几个方面的洞察：

阅读偏好和需求：

通过分析用户的阅读记录和搜索关键词，图书馆可以了解读者对哪些主题、类型的书籍更感兴趣，从而调整馆藏资源采购计划，增加具有高需求的图书种类。

使用习惯和行为路径：

数据分析可以揭示读者在手机媒体上的使用习惯，比如他们在什么时间段更多地使用，使用哪些功能，浏览哪些资源。这有助于图书馆优化 APP 界面设计和功能设置，使得用户界面更加友好和高效。

活动和服务效果评估：

图书馆可以通过数据分析，评估不同活动和服务的效果。通过分析活动的参与度、反馈情况，图书馆可以了解哪些活动受欢迎，哪些服务受到读者关注，进而进行针对性的改进和创新。

服务满意度和改进点：

通过读者反馈和数据分析，图书馆可以了解读者对服务的满意度和不满意的地方。通过分析不同用户群体的反馈，可以找到服务的改进点，进一步提升服务质量。

预测和规划：

通过数据分析，图书馆可以预测某一时间段的借阅热点，如考试季借阅的相关书籍。这有助于图书馆提前准备资源，满足读者的需求。

通过获取以上信息，图书馆可以更好地优化服务，提升读者体验。例如，根据数据分析的结果，图书馆可以：

- 调整馆藏采购策略，优先购买读者感兴趣的书籍。
- 设计更吸引人的活动和展览，吸引更多读者参与。
- 优化手机 APP 界面，使其更符合读者使用习惯。
- 设计个性化的服务推荐，增强读者满意度。
- 在高峰时段增加工作人员，提升借阅效率。

总之，数据分析和服务优化是手机媒体应用中至关重要的环节，它不仅能够帮助图书馆更好地了解读者，还能够引导图书馆的战略决策和资源配置，实现更精准、高效的图书馆服务。然而，数据分析过程中也需要关注数据隐私保护、数据使用的合规性等问题，以确保数据分析过程的合法性和安全性。

综上所述，手机媒体在图书馆服务中的应用涵盖了资源获取、个性化服务、互动交流、学习培训等多个方面。通过合理利用手机媒体技术，图书馆能够更好地满足读者多样化的需求，提升服务质量和便捷性。同时，图书馆需要关注用户体验、隐私保护等问题，确保手机媒体应用能够为读者提供安全、高效、愉悦的使用体验。

第三节　数字电视在图书馆服务中的应用

数字电视在图书馆服务中的应用为图书馆带来了全新的服务模式，丰富了资源展示、文化推广、学习交流等方面的内容。以下是关于数字电视在图书馆服务中应用的详细说明：

一、数字资源展示

数字电视可以用作展示图书馆馆藏资源的媒介。通过数字电视屏幕，图书馆可以轮播展示馆内的书籍、文献、影片等资源，引导读者的注意，激发他们的阅读兴趣。

数字资源展示是数字电视在图书馆服务中的一项重要应用，通过数字电视屏幕将图书馆的馆藏资源呈现给读者，不仅丰富了图书馆的展示手段，还提供了一种直观、生动的方式来引导读者发现更多有价值的信息。以下是关于数字资源展示在图书馆服务中的深入分析：

提升资源可见性：

数字资源展示利用数字电视屏幕，将馆内的图书、期刊、报纸、音频、视频等资源以图像、文字、视频等多种形式展示出来。这种视觉展示方式大大提升了资源的可见性，使那些平时可能被忽略的资源得到了更多关注。

吸引读者兴趣：

数字资源展示可以设计丰富多样的展示内容，从热门图书到特色资源，从不同主题的资源推荐到作者专栏介绍，通过吸引人眼球的视觉效果和内容呈现方式，吸引读者的兴趣，让他们更愿意深入了解图书馆的资源。

探索资源多样性：

通过数字资源展示，图书馆可以突显馆藏的多样性。读者可能在展示中发现自己从未想到的资源，从而扩展阅读领域，发现新的兴趣点，提升知识面。

促进跨学科学习：

数字资源展示可以将不同学科领域的资源联系起来展示，激发读者跨学科的兴趣。例如，通过展示一本科学与艺术相结合的图书，鼓励读者探索多元的知识领域。

提供背景信息：

数字资源展示不仅可以展示资源封面，还可以配以简短的介绍、摘要、作者背景等信息，为读者提供了解资源内容和价值的线索，帮助读者更好地决定是否选择阅读。

引导读者参与：

通过数字资源展示，图书馆可以设置互动环节，如二维码扫描、留言互动等，让读者可以直接从数字电视屏幕上获取相关资源的链接或参与互动，增强读者与资源之间的联系。

特色资源宣传：

数字资源展示是宣传图书馆特色资源的有效途径。图书馆可以利用数字电视展示窗口，推广馆内的珍贵文献、特藏资源、数字档案等，提升这些资源的知名度和价值。

通过数字资源展示，图书馆不仅能够充分利用数字电视的视觉效果，引导读者探索丰富的资源，还能够增强读者的阅读兴趣、提升知识水平。然而，在应用过程中，图书馆需要考虑展示内容的更新频率、平衡不同类型资源的呈现、用户体验的设计等方面，以保证数字资源展示能够真正实现其在图书馆服务中的价值。此外，数字资源展示也应考虑到不同读者的需求，不同年龄段、兴趣爱好的读者可能对展示内容有不同的反应，因此设计应该更具多样性和包容性。

二、文化宣传和推广

图书馆可以通过数字电视展示文化活动、特色资源、文化知识等内容，以吸引读者的关注。例如，展示文化节庆、名人讲座、艺术展览等，增加图书馆的宣传效果。

在图书馆服务中，数字电视在文化宣传和推广方面的应用具有广泛而深远的影响。通过数字电视，图书馆能够传达丰富的文化信息，拓展文化推广的途径，提升读者对文化的理解和参与。以下是关于数字电视在文化宣传和推广中应用的深入分析：

数字电视作为视觉媒体，具有生动直观的特点，能够将文化元素以图像、视频等多媒体形式传递给观众。在图书馆中，数字电视不仅可以展示馆内资源，更可以成为文化宣传和推广的重要工具，实现以下方面的深入应用：

多元文化传播：

数字电视能够以多种形式呈现不同文化的精彩内容，包括展示当地的民俗文化、传统节庆，以及其他国家或地区的文化特色。通过展示多元文化，图书馆可以帮助读者增进对不同文化的理解和尊重。

文化活动宣传：

数字电视可以用来宣传图书馆内举办的文化活动，如书展、文化讲座、艺术展览等。通过在数字电视上播放活动信息、宣传海报等，可以吸引更多的读者参与，提升活动的知名度和影响力。

艺术品展示：

图书馆可以利用数字电视来展示馆内的艺术品收藏，如绘画、雕塑等。通过高清的图像展示，读者可以近距离欣赏艺术品的细节，加深对艺术的鉴赏和理解。

文化知识传递：

数字电视可以播放文化知识短片、解说视频等，向读者介绍文化的历史、背景、演变等。这种方式使得文化知识更加生动易懂，促进读者对文化的学习和兴趣。

名人讲座和文化讲解：

通过数字电视，图书馆可以播放名人讲座、文化专家的解读等内容，使得文化领域的专业知识能够深入浅出地传递给读者。这有助于提高读者的文化素养和认知水平。

文化传统保护：

数字电视可以用于呈现传统文化的保护和传承，如民间故事、手工艺制作等。这有助于让年轻一代了解和珍惜传统文化，促进文化传统的传承发展。

通过以上深入分析，可以看出数字电视在图书馆中的文化宣传和推广应用涵盖了多个层面，从多媒体展示到知识传递，都能够丰富读者的文化体验。数字电视为图书馆创造了一个与读者互动的平台，通过精心设计的内容，能够引导读者更深入地了解文化，参与文化活动，实现知识的传播与文化的交流。同时，数字电视应用也需要注意内容选择的合理性、呈现形式的多样性等，以确保传递的信息能够引发读者的共鸣和兴趣。

三、读者教育和培训

数字电视可以用作读者教育的媒介，播放阅读技巧、信息素养培训、学术资源使用等内容。通过视觉展示，使得读者更容易理解和接受所提供的知识。数字电视可以播放在线学习资源，如开放式课程、学术讲座等。这样，读者可以在图书馆内通过数字电视学习相关知识，提升自己的学术素养。

四、活动信息发布

数字电视屏幕可以用来发布图书馆内外的活动信息，如讲座、讲演、书展等。这可以提醒读者及时参与，并扩大活动的影响范围。

活动信息发布是数字电视在图书馆服务中的重要应用之一，它为图书馆提供了一种高效而生动的方式来宣传和推广各种活动。通过数字电视，图书馆能够更直观地向读者传达活动信息，激发他们的兴趣，提高活动的参与度。以下是关于活动信息发布的深入分析：

在传统的宣传方式中，活动海报、传单等信息的传递往往受到时间和空间的限制，有时候读者可能会因为未能及时获取信息而错过精彩的活动。而通过数字电视，图书馆可以在图书馆内的多个位置设置电视屏幕，将活动信息以视觉、图像化的方式展示出来，突破了时间和空间的限制，有效地传递活动信息。以下是活动信息发布的几个关键方面：

高曝光度和实时性：

数字电视能够在图书馆的高流量区域实时播放活动信息，如入口处、借书处等，使活动信息得到更大范围的曝光。而且由于数字电视播放的即时性，图书馆可以实时更新活动信息，保证读者获取的信息是最新的。

多媒体内容展示：

通过数字电视，活动信息可以以多种媒体形式展示，包括文字、图片、视频等。这样的多媒体展示方式更加生动，能够更好地吸引读者的视觉注意力，使活动信息更加醒目。

活动细节和亮点突出：

通过数字电视，图书馆可以更详细地呈现活动的时间、地点、内容、主讲人等信息，使读者对活动有更全面的了解。同时，可以突出活动的亮点和特色，吸引读者的兴趣，提高活动的吸引力。

互动和参与：

数字电视屏幕可以结合二维码等互动方式，引导读者参与活动，如扫码报名、投票等。这种互动能够促进读者的积极参与，增加活动的互动性和社会性。

活动推广效果评估：

通过数字电视播放活动信息，图书馆可以收集数据，了解活动的关注度和观众参与情况。这些数据可以帮助图书馆评估活动的推广效果，从而更好地优化宣传策略。

总的来说，通过数字电视发布活动信息能够使活动信息更直观、生动地传达给读者，增加读者对活动的关注度和参与度。然而，要注意在活动信息设计中突出重点、保持信息简洁明了，以确保读者能够快速地获取关键信息。同时，对活动效果的反馈和评估也是不可忽视的，它有助于图书馆持续改进活动的宣传和策划方式，提升服务质量和读者满意度。

五、多媒体资源播放

数字电视可以播放图书馆内的多媒体资源，如电影片段、音乐欣赏、艺术展示等。这种多媒体的展示方式可以丰富图书馆的文化内涵，吸引读者驻足观看。

多媒体资源播放在图书馆服务中具有重要意义，它为图书馆带来了多样化的文化体验，提升了读者参与和互动的机会。以下是关于多媒体资源播放在图书馆服务中的深入分析：

通过多媒体资源播放，图书馆得以将各种类型的内容以视听化的形式呈现给读者，进一步丰富了图书馆的文化内涵，增强了读者的学习体验。这种播放方式不仅可以吸引读者的注意力，还能够提供更丰富的信息呈现方式，具体的优势和影响如下：

视觉与听觉的双重感官刺激：

多媒体资源播放结合了视觉和听觉的感知，能够更好地激发读者的兴趣和好奇心。比起传统的文字、图片展示，多媒体资源的播放可以更生动地展现内容，使读者更深入地理解和感知。

艺术和文化的表现：

多媒体资源播放为图书馆提供了一个呈现艺术和文化的平台。图书馆可以通过播放音乐、影片、艺术展示等内容，向读者展示各种不同的文化元素，丰富他们的艺术鉴赏和文化体验。

互动和参与：

通过多媒体资源播放，图书馆可以设置互动环节，如投票、问卷调查等。这种互动方式可以激发读者的参与和思考，增强他们与图书馆之间的联系。

跨足时空的传递：

多媒体资源播放可以呈现历史影像、现场录像、文化展示等，使得读者能够跨足时空地感受不同的文化、历史事件。这种视觉化的传递方式能够增强读者的历史感知和文化认同。

吸引年轻读者：

年轻一代读者对多媒体内容更加感兴趣，通过多媒体资源播放，图书馆能够更好地吸引他们的关注。这种创新的展示方式可以激发年轻读者的学习兴趣，培养他们的阅读习惯。

跨领域的融合：

多媒体资源播放可以实现不同领域的内容融合，比如将文学、艺术、科学等多种元素结合，创造出更有趣、更具启发性的内容。这种跨领域的融合可以拓展读者的知识面和视野。

通过合理的多媒体资源播放设计，图书馆可以让读者在阅读的同时，享受到更加丰富、多样的文化体验。然而，在实际应用中，图书馆需要注意内容的选择和呈现方式，确保内容的质量和适宜性。此外，播放设备的维护和技术支持也需要得到保障，以确保多媒体资源播放的稳定性和顺畅性。总之，多媒体资源播放作为图书馆服务的创新手段，为读者带来了更具有吸引力和互动性的阅读体验，为图书馆增添了新的文化魅力。

六、实时信息传达

在数字化时代，读者对于实时信息的需求日益增加。通过数字电视，图书馆可以实时传达重要信息，如天气预报、紧急通知等。这对于提供实用信息、维护读者的权益具有积极作用。

图书馆作为一个信息传播的中心，通过数字电视在图书馆内部提供实时信息传达，能够帮助读者及时获取与图书馆相关的重要信息，包括但不限于：

天气预报：图书馆可以通过数字电视屏幕提供即时的天气预报，帮助读者了解当天和未来几天的天气情况。这对于出行和活动的安排非常有帮助。

图书馆开放时间和节假日安排：通过数字电视，图书馆可以宣布开馆时间、闭馆时间以及特殊节假日的安排。读者能够及时了解图书馆的开放状态，避免因为不了解信息而造成的不便。

活动通知和提醒：图书馆可以通过数字电视发布图书馆内部或外部的各种活动信息，如讲座、展览、文化活动等。同时，提供活动时间、地点和内容等详细信息，方便读者及时参与。

临时变更通知：如果图书馆内部出现临时性的变更，如临时闭馆、场地调整等，通过数字电视可以迅速将这些变更通知读者，避免造成不必要的困扰。

社会热点和重要事件：通过数字电视，图书馆可以播放社会热点、重要事件的新闻快讯，帮助读者了解当前社会动态，增加信息素养和时事意识。

服务提醒和反馈渠道：通过数字电视，图书馆可以提醒读者关于还书、预约、申请等方面的服务注意事项。同时，提供反馈渠道，读者可以直接反馈问题和建议，为图书馆改进提供信息。

社区公告和合作信息：图书馆可以通过数字电视播放社区的公告、合作信息等，促进图书馆与社区的交流和合作。

通过提供实时信息，数字电视可以帮助图书馆与读者之间建立更紧密的联系，提升图书馆在读者日常生活中的实用性。然而，应用实时信息传达需要注意信息的准确性、完整性，避免误导和不必要的混淆。同时，也需要考虑信息的展示方式和频率，以避免干扰读者的正常阅读和学习环境。总之，实时信息传达的应用使得图书馆服务更贴近读者的需求，更加便捷和有效。

七、数据分析和服务改进

数字电视的使用还可以产生数据，用于分析观众的关注点、停留时间等，帮助图书馆了解观众需求，优化展示内容和服务设计。

数据分析和服务改进在数字电视应用中具有重要的作用。通过对数字电视产生的数据进行深入分析，图书馆可以了解观众的行为和兴趣，从而有针对性地优化服务内容，提升服务质量。以下是关于数据分析和服务改进的详细分析：

在数字电视应用中，观众与内容的互动产生了丰富的数据，包括观看时长、点击次数、喜好标记等。这些数据蕴含了观众的偏好、兴趣以及互动习惯。通过对这些数据的分析,图书馆可以获得以下方面的信息:

1. 观众兴趣洞察:数据分析可以揭示观众对不同内容的兴趣和偏好。例如,通过观察观众在数字电视上的点击和停留情况,可以了解哪些主题或内容更受欢迎,从而调整内容展示策略。

2. 内容评估和优化:通过分析观众的观看时长和反馈,图书馆可以评估不同内容的受欢迎程度。对于受欢迎的内容,图书馆可以加大投放,而对于不受欢迎的内容,可以进行调整或替换,以提升内容的吸引力。

3. 观众行为路径:数据分析可以还原观众在数字电视上的行为路径,从而了解他们浏览的顺序和频率。这有助于图书馆优化内容的展示顺序,使得观众能够更顺畅地获取信息。

4. 反馈和意见收集:通过数字电视产生的数据,图书馆可以了解观众对内容的喜好、意见和建议。例如,观众可能会在内容下方留下评论或反馈。基于数据分析的洞察,图书馆可以采取一系列措施来优化服务:

个性化推荐:根据观众的兴趣,通过数据分析生成个性化的内容推荐,提供更符合观众口味的观看体验。

内容更新策略: 根据观众的兴趣和评价,优化内容的选择和投放频率,确保持续吸引观众的注意。

交互设计改进:根据观众的行为路径,优化数字电视界面的交互设计,使得观众能够更快速地找到所需内容。

反馈利用:对于观众的意见和建议,图书馆可以积极采纳,进行改进,提升内容质量和观看体验。

通过数据分析和服务改进,数字电视应用可以更加精准地满足观众的需求,提供更符合其兴趣的内容。然而,应用中也需要注意数据隐私保护和用户授权等问题,确保数据使用的合法性和安全性。同时,数字电视应用还需要不断与观众互动,关注他们的反馈,以持续地优化服务,创造更好的观看体验。

通过合理利用数字电视,图书馆可以提供更多样化、互动性更强的服务。然而,应用数字电视也需要注意合理的内容设计、播放频率控制等,以避免过度干扰读者的阅读环境和体验。同时,隐私保护和信息审核等问题也需要得到妥善处理。总之,数字电视在图书馆服务中的应用为读者提供了更加丰富和便捷的知识体验,同时也为图书馆提供了更多的展示和互动的机会。

小结概述

　　新媒体技术在图书馆服务中的应用呈现出多样化和创新性，为图书馆带来了全新的服务模式。网络媒体、手机媒体和数字电视作为新媒体的代表，不仅丰富了图书馆的资源展示和知识传播，也拓展了读者的参与方式和体验。网络媒体通过在线平台的互动，实现了信息传播的广泛性；手机媒体借助便携设备，使服务触手可及；数字电视则以视觉媒体的形式，加强了图书馆文化宣传和互动交流。这些媒体的应用都在不同程度上提升了图书馆服务的覆盖范围、深度和个性化。

　　网络媒体应用中，图书馆通过社交平台、网站等发布信息、展示资源，促进知识的分享和传播。同时，通过在线活动、互动平台，实现了读者的参与和反馈，增强了服务的实时性和互动性。

　　手机媒体应用中，图书馆借助手机 APP、移动网站等，将服务延伸到手机端。读者可以随时随地访问馆藏、借阅资源、参与学习，使得图书馆服务更加便捷和个性化。

　　数字电视应用中，图书馆通过数字屏幕展示资源、推广活动、传递文化，吸引读者的注意力，提升服务宣传效果。通过数据分析，图书馆还可以了解观众兴趣、优化内容，实现更精准的服务。

　　总体而言，这些新媒体技术的应用在图书馆服务中呈现出融合性的趋势，它们互为补充，共同构建起丰富多彩的图书馆服务生态。然而，应用新媒体技术也需要关注数据安全、隐私保护等问题，确保服务的合法性和可靠性。随着技术的不断发展，图书馆服务将继续融合新媒体技术，为读者提供更便捷、丰富的知识体验，实现知识的广泛传播和共享。

第五章　现代图书馆管理

现代图书馆管理在不断变化的信息时代中扮演着至关重要的角色，以适应迅速发展的信息科技和读者需求的多样性。其核心目标是为读者提供丰富多样的知识资源和优质服务，促进知识的传播、创新和共享。为实现这一目标，图书馆采用多元化的策略，包括数字化转型、社区互动、个性化服务以及创新的媒体技术应用。这些策略的实施不仅拓展了图书馆的服务范围，更加强了图书馆与读者的联系。

现代图书馆管理注重创新与变革，不仅要管理馆藏资源和图书馆空间，还要积极应对信息科技带来的挑战与机遇。信息化技术的应用使图书馆能够数字化馆藏、推广文化、拓展网络服务，从而满足读者多样化的需求。同时，图书馆的服务也逐渐从单一的知识传递者演变为知识引导者和创新驱动者，倡导读者积极参与知识的共建共享，从而促进社会的可持续发展。

在现代图书馆管理中，不仅需要高效运用管理理论与技巧，更需要紧密关注社会、文化和科技的发展动态，灵活调整服务策略，保持与时俱进。图书馆的管理者应以读者为中心，以持续改进和创新为导向，提升服务质量，满足不同读者群体的需求。同时，图书馆管理也要关注数据隐私、信息安全等问题，确保读者信息的保护。

综上所述，现代图书馆管理不仅在服务内容和形式上实现了全面的变革，更在理念和使命上展现出前所未有的担当。作为知识与文化的守护者和传播者，图书馆持续致力于为读者创造更加丰富、便捷的知识体验，为社会发展提供智慧支持。

第一节　图书馆管理

现代图书馆管理是一个综合性的体系，旨在为读者提供更高效、便捷、多样化的服务，同时兼顾资源整合、技术创新和服务优化。在信息时代的背景下，现代图书馆管理不仅关注传统的藏书管理和阅览服务，还融合了数字化、智能化的趋势，充分发挥了信息技术的优势。

多元化的服务模式：现代图书馆管理强调多元化的服务模式，不仅提供传统的阅览、借阅服务，还开展各类主题讲座、读书俱乐部、文化展览等活动，满足读者的不同需求，从而使图书馆成为知识、文化交流的中心。

资源数字化和整合：现代图书馆将资源数字化整合，建立了数字图书馆、电子资源库等，使得读者可以在线访问电子书、期刊、数据库等丰富资源。这样的数字化手段极大地方便了读者的获取和利用。

数据驱动的决策：现代图书馆管理强调数据驱动的决策，通过数据分析，了解读者的阅读偏好、借阅趋势等，从而优化馆藏采购、活动策划、服务改进等方面的决策。

技术创新和智能化应用：现代图书馆引入各种技术创新，如自助借还设备、智能搜索引擎、虚拟导览等，提升了服务效率和便捷性。智能化应用还包括个性化推荐系统、自动分类整理等，为读者提供更个性化的服务体验。

社区参与和合作：现代图书馆管理鼓励社区参与和合作，与学校、社会机构合作举办活动、展览，与读者建立更紧密的联系，共同推动文化传承和知识普及。

学习和启发：现代图书馆管理不仅提供阅读服务，还强调学习和启发。图书馆承担了教育、培训的角色，通过讲座、研讨会等活动，促进读者的知识更新和人文素养提升。

知识创新和文化创意：现代图书馆不仅传递知识，还鼓励知识创新和文化创意的发展。举办创意工坊、艺术展览等活动，为社区创造了一个创新创意的平台。

总之，现代图书馆管理以服务读者、满足多样化需求为核心，通过技术创新、资源整合、社区合作等手段，为读者提供全面、多元、便捷的知识体验，促进文化传承和社会进步。同时，现代图书馆管理也需要关注隐私保护、信息安全等问题，确保服务的合法性和可信度。随着社会和技术的不断发展，现代图书馆管理将不断演进，为人们创造更丰富的知识生活。

第二节　图书馆管理的策略和原则

图书馆管理的策略和原则是为了更好地实现图书馆的使命和目标，提供优质的服务，满足读者的需求，促进知识的传播和共享。以下是对图书馆管理策略和原则的详细分析：

一、针对读者的个性化服务

图书馆管理应该以读者为中心，倡导个性化服务。通过了解不同读者群体的兴趣、需求，图书馆可以提供定制化的服务，如个性化推荐、定制阅读列表等，从而增强读者的满意度和忠诚度。

针对读者的个性化服务在现代图书馆管理中具有重要意义。这一策略的核心是以读者为中心，充分尊重和满足每个读者的独特需求和兴趣。通过个性化服务，图书馆不仅能更好地提供精准的资源和信息，还能加强与读者的互动，建立更紧密的联系。

在实施个性化服务时，图书馆可以借助现代技术，如数据分析和智能推荐系统，深入了解读者的阅读习惯、兴趣领域，为他们提供量身定制的服务。例如，通过分析读者的借阅记录和搜索行为，图书馆可以推荐符合其兴趣的书籍、期刊、活动等。这样的个性化推荐不仅能提高读者发现新资源的效率，也能增加他们的满意度和忠诚度。

此外，图书馆还可以开展定制化的服务活动，如主题讲座、专题培训等，根据不同读者群体的需求，提供有针对性的知识分享和交流机会。例如，针对学生群体可以组织学术写作培训，满足他们在学术研究方面的需求；而针对社区居民，可以开展生活技能讲座，帮助他们解决实际问题。

个性化服务的实施还需要图书馆积极与读者互动，收集反馈意见，了解他们的期望和建议。图书馆可以通过调查问卷、意见箱等方式收集反馈，从而更好地调整和优化服务。这种积极的互动不仅增强了读者的参与感，也有助于图书馆更好地满足他们的需求。

综合而言，针对读者的个性化服务是现代图书馆管理中的重要策略之一。通过利用技术手段、了解读者需求、定制服务内容，图书馆能够为每位读者提供更加精准、满意的服务体验，建立更紧密的联系，实现读者与图书馆的互利共赢。

二、多样化的资源采购和管理

图书馆的资源采购应该多样化，涵盖不同主题、类型的书籍、期刊、多媒体资源等。资源管理要科学合理，进行定期清理、更新和淘汰，确保馆藏的时效性和适用性。

多样化的资源采购和管理在图书馆管理中具有重要意义，它体现了图书馆服务的多元性和适应性。这一策略要求图书馆不仅要建立丰富的馆藏，涵盖不同主题、领域和类型的资源，还要确保资源的时效性、适用性和多样性。

多样化的资源采购使图书馆能够满足不同读者群体的兴趣和需求。通过采购涵盖文学、科技、历史、艺术等各个领域的书籍、期刊、音像资料等，图书馆可以为读者提供广泛的选择。这有助于吸引更多不同背景、兴趣的读者使用图书馆资源，提升服务的覆盖面。

资源管理方面，多样化的资源需要进行科学合理的管理和维护。图书馆需要建立有效的馆藏管理系统，及时清理过时的资源，确保馆藏的时效性和适用性。同时，也要注重数字资源的管理，确保在线数据库、电子期刊等数字化资源的可用性和更新。

多样化的资源采购和管理不仅要满足读者的需求，还可以促进跨学科学习和研究。不同领域的资源可以帮助读者进行跨学科的知识探索，拓展他们的视野。此外，多样化的资源还可以吸引更多的潜在读者，包括儿童、青少年、老年人等，从而实现更广泛的社会影响。

然而，多样化的资源采购和管理也需要面临挑战。资源的多样性可能导致采购预算的压力，而且需要合理的选择和平衡。此外，资源的管理和更新也需要投入大量的人力和技术支持，以确保资源的维护和可持续发展。

综合而言，多样化的资源采购和管理是图书馆管理中的重要策略，它为读者提供了广泛选择，促进了知识的多元传播和共享。通过科学的管理，图书馆可以保持资源的时效性和质量，为读者提供更丰富的知识体验。

三、技术创新与数字化转型

图书馆需要积极跟进信息科技的发展，实现数字化转型。利用现代技术，如数字馆藏、智能推荐系统、虚拟导览等,提升资源的利用率和服务的便捷性。

技术创新与数字化转型是现代图书馆管理中的关键策略之一,旨在充分利用信息科技的力量,将传统图书馆从物质空间向数字空间延伸,为读者提供更广泛、便捷的知识服务。这一策略的实施涵盖了资源数字化、数字平台建设、智能化服务等多个方面。

首先,技术创新使图书馆能够将馆藏资源数字化,实现数字馆藏的建设。通过数字化处理,图书、期刊、报纸等纸质文献可以以电子形式存储,为读者提供线上访问的便利。这不仅节省了空间,还极大地拓展了资源的可及性和利用率。

其次,数字化转型推动了图书馆建设数字平台,以提供更多元化的服务。数字图书馆、在线数据库、数字资源库等平台的建设,使得读者可以随时随地通过网络获取信息,进行检索、借阅、学习。同时,数字平台也为图书馆提供了与读者互动、参与的渠道,增强了读者与图书馆的联系。

智能化服务也是技术创新的重要方向。通过引入人工智能、大数据等技术,图书馆可以实现智能推荐、个性化服务。例如,通过分析读者的阅读历史,智能系统可以推荐适合其兴趣的书籍;通过聊天机器人等工具,图书馆可以为读者提供即时的问题解答和咨询服务,提升服务质量和效率。

技术创新与数字化转型不仅扩大了图书馆服务的辐射范围,还提升了服务的便捷性和实用性。然而,这一策略也面临着挑战,如数据隐私保护、信息安全等问题,需要图书馆在技术应用过程中保持警惕。同时,技术创新也需要与人性化服务相结合,确保数字化不削弱图书馆作为社交、文化场所的特性。

综合而言,技术创新与数字化转型是现代图书馆管理的必然选择。通过充分发挥信息科技的优势,图书馆可以更好地满足读者的需求,提供便捷的知识体验,促进知识的共享和创新。这一策略的成功实施将使图书馆更具活力、更具影响力,适应信息时代的发展要求。

四、社区互动和参与

图书馆应该积极融入社区,建立紧密的联系。开展社区活动、读书俱乐部、讲座等,促进社区居民的参与和互动,使图书馆成为社区文化的重要一部分。

社区互动和参与作为图书馆管理的重要策略,强调图书馆与社区的深度融合，以满足社区居民的文化、知识和社交需求。这一策略的实施能够加强图书馆与社区之间的联系，创造更具社会价值的服务体验。

首先，社区互动和参与将图书馆打造成了社区文化的中心。通过开展文化活动、讲座、展览等，图书馆成为了社区居民获取文化知识和信息的重要场所，丰富了社区文化生活。

其次，这一策略促进了社区居民的互动和交流。图书馆作为社区公共空间，为居民提供了一个互相交流的平台。社区居民可以在图书馆内参与读书俱乐部、讨论会等活动，促进了社区内部的社交互动。

进一步地，社区互动和参与强化了图书馆的需求导向。通过与社区居民的互动，图书馆了解了他们的兴趣、需求和意见，从而更精准地调整服务内容和活动策划，满足社区居民的期待。

此外，这一策略也有助于提升图书馆的社会影响力。通过与社区居民密切互动，图书馆在社区中建立了良好的口碑和形象，成为社区的重要资源中心和智力支持。

最后，社区互动和参与有助于培养居民的文化自觉和参与意识。通过各种活动，居民更容易将图书馆纳入他们日常生活的一部分，形成持续的文化参与习惯。

综上所述，社区互动和参与作为图书馆管理的策略，不仅加强了图书馆与社区的联系，还丰富了社区文化、促进了社交互动、提升了服务质量。这一策略的实施不仅满足了居民的多样化需求，也有助于构建更具社会责任感的图书馆形象，为社区的发展和居民的幸福做出积极贡献。

五、持续的学习与培训

图书馆管理人员应不断学习，紧跟行业动态和管理理念的发展。同时，也要为图书馆员工提供持续的培训，提升他们的专业素养和服务水平。"持续的学习与培训"是现代图书馆管理中至关重要的一环，它反映了图书馆持续进步、提升服务质量的追求。通过不断学习与培训，图书馆管理人员和员工能够不断增强专业素养、适应新的技术和趋势，以更好地满足读者的需求并保持与时俱进。

提升专业素养：图书馆是知识服务的中心，图书馆人员需要掌握图书馆学科、信息管理等专业知识。持续学习与培训可以使管理人员和员工深入了解图书馆领域的最新进展，保持专业知识的前沿性。

技术和创新： 随着信息科技的不断发展，图书馆服务方式也在不断变革。持续学习与培训使得管理人员和员工能够学习和掌握新的技术工具，从而更好地实现数字化转型，提供更便捷、多样化的服务。

适应读者需求： 持续学习与培训使得图书馆人员能够更好地了解读者的需求和习惯，从而调整服务策略。例如，通过学习读者反馈，图书馆可以更准确地推出受欢迎的活动和资源。

有效的团队合作： 学习与培训可以促进团队合作和沟通。管理人员和员工之间可以分享经验、交流心得，形成互相支持、共同成长的氛围。

推动创新： 学习和培训不仅仅是知识的传递，还可以激发创新思维。通过学习新的理念和方法，管理人员和员工可以在服务设计、活动策划等方面提供更有创意的解决方案。

提升服务质量： 持续学习与培训可以提升管理人员和员工的服务意识和质量，使得他们更加关注读者的体验，从而提供更优质的服务。

世界变化迅速，新的知识和技术不断涌现。持续的学习与培训使得图书馆管理人员和员工能够不断更新知识、拓展视野，为图书馆服务的不断改进和创新提供坚实基础。通过不断的学习和培训，图书馆可以保持敏锐的观察力，更好地适应变化，为读者提供更加优质、多样化的服务。

六、数据驱动的决策

图书馆应充分利用数据分析来进行决策。通过数据分析，可以了解读者需求、资源使用情况等，从而制定更科学的管理策略和服务计划。

数据驱动的决策是指通过收集、分析和解读数据，为图书馆管理者提供决策支持，使其能够更准确地了解读者需求、资源使用情况和服务效果，从而制定更科学、更有效的管理策略。

数据的价值和潜力：

图书馆内部和外部产生的数据包含着丰富的信息，如读者借阅记录、网站访问数据、社交媒体互动等。这些数据的分析可以揭示读者的兴趣、偏好，资源的受欢迎程度，活动的效果等。通过深入分析，图书馆可以把数据转化为有价值的见解，指导决策。

服务优化与个性化推荐：

数据分析可以帮助图书馆了解读者需求，从而进行服务的优化和改进。例如，根据读者的阅读记录和借阅习惯，图书馆可以推出个性化的阅读推荐，提供更精准的服务，增强读者的满意度。

资源配置和采购策略：

数据分析可以揭示资源使用的热点和冷门，帮助图书馆合理配置资源，优化馆藏。通过了解哪些类型的书籍和资料更受欢迎，图书馆可以更精准地进行采购，满足读者需求。

活动效果评估和改进：

数据分析可以用于评估图书馆举办的各类活动和服务的效果。通过分析活动的参与人数、互动次数、反馈情况等，图书馆可以了解活动的受欢迎程度，从而调整活动策划和内容，提升活动的效果。

读者反馈和沟通渠道：

通过数据分析，图书馆可以了解读者的反馈和意见，从而改进服务和解决问题。例如，通过分析读者在社交媒体上的评论，图书馆可以了解读者对服务的评价，及时做出回应和改进。

数据隐私和合规性：

在数据分析过程中，图书馆需要注意保护读者的隐私和数据安全。合规性是数据驱动决策的重要一环，图书馆应确保数据的收集、存储、分析符合法规和伦理要求。

综合而言，数据驱动的决策是一种基于事实和证据的管理方法，有助于图书馆更加深入地了解读者和服务，提升服务质量，实现资源的最大化利用。然而，数据分析也需要注重数据质量、隐私保护以及合规性，以确保决策的准确性和可靠性。通过合理的数据分析，图书馆管理者能够更加明晰地了解图书馆的现状和发展方向，使图书馆的决策更加科学和有效。

七、持续改进和创新

图书馆管理应具有持续改进和创新的精神。从读者反馈中不断吸取经验教训，寻找改进的机会，同时也要鼓励员工提出创新想法，推动服务不断更新升级。持续改进和创新原则在图书馆管理中具有重要意义。这一原则强调了图书馆不仅要保持服务的稳定性，更需要不断寻求改进和创新的机会，以适应变化的读者需求和时代发展。

持续改进和创新是图书馆管理的核心动力之一。通过不断寻求改进和创新，图书馆能够适应信息科技快速发展的环境，提供更符合读者期望的服务，同时也能更好地应对不断变化的社会和文化需求。

增强服务质量： 持续改进和创新使得图书馆能够从读者的角度出发，及时反馈和调整服务，提供更优质的服务体验。不断倾听读者的意见和建议，通过改进来解决问题，可以增加读者的满意度和忠诚度。

推动资源更新： 图书馆持续改进和创新有助于及时更新馆藏资源，包括采购新书、增加数字化资源、推出创意活动等。这可以使图书馆保持内容的新鲜性和多样性，吸引更多读者的关注。

适应数字化转型： 当前数字化时代的发展对图书馆提出了更高的要求。持续改进和创新意味着图书馆需要积极采纳新的技术、应用新的数字化服务模式，以提供更便捷、高效的数字化服务。

提升创新服务： 创新不仅指技术创新，还包括服务创新。图书馆可以引入新的服务模式，如在线问答平台、虚拟读书会等，以满足不同读者的需求，并吸引更多人参与图书馆的活动。

增强可持续性： 持续改进和创新有助于图书馆保持活力，增加社会的认可度和支持度，进而获得更多的资源和合作机会，从而实现可持续的发展。

推动行业发展： 图书馆的持续改进和创新可以为整个图书馆行业树立典范，激发其他机构也积极探索更好的服务模式和管理方法，推动整个行业的发展。

通过持续改进和创新，图书馆可以不断提升自身在社会中的影响力和价值，同时也能够更好地适应快速变化的环境，为读者和社会创造更大的价值。然而，持续改进和创新也需要平衡好风险和机会，防范不成熟的改革和创新可能带来的负面影响。因此，在实施过程中，图书馆需要充分权衡，以确保改进和创新能够真正为服务质量和读者满意度带来积极的影响。

八、资源合理配置和可持续发展

图书馆需要合理配置资源，确保资金、人力和物资的充分利用。同时，也要注重可持续发展，建立稳健的财务和运营机制，确保图书馆的长期发展。

资源合理配置和可持续发展原则在图书馆管理中具有重要意义。这一原则强调了图书馆在资源管理和运营中需要注重平衡，确保资源的合理分配，同时还要着眼于可持续的长远发展。以下是关于资源合理配置和可持续发展的综合分析：

资源合理配置和可持续发展是图书馆管理的战略基础。资源合理配置意味着要在不同方面如馆藏、人力、财务等方面进行科学分配，以确保资源的最大利用效益。可持续发展则是保证图书馆在长期内能够持续地提供服务和创造价值，而不仅仅是短暂的盛行。

资源合理配置是为了更好地满足读者需求。通过合理分配馆藏，确保覆盖不同领域的资源，满足读者的多样化需求。在人力分配方面，根据工作任务的不同分配合适的员工，以提升工作效率和服务质量。财务资源的合理配置则有助于更好地支持馆内的运营和发展。

可持续发展是图书馆长期存在的关键。通过合理配置资源，图书馆可以确保在长期内不因资源短缺而影响服务品质。同时，也要注意资源的可维护性，确保资源的长期保存和使用。可持续发展还需要与社会环境相协调，关注环保、社会责任等方面的因素。

这一原则的应用有助于实现以下目标：

优化资源效率：通过合理配置资源，图书馆可以最大化地利用有限资源，提升服务效率。

提高服务质量：资源合理配置可以确保充分满足读者的需求，从而提升服务的质量和满意度。

实现可持续发展：合理配置资源有助于图书馆长期稳定地运营，实现可持续的发展。

增强社会影响力：图书馆通过合理配置资源，可以更好地履行社会责任，提升其在社区中的影响力。

综合而言，资源合理配置和可持续发展原则是图书馆管理的重要组成部分。这一原则不仅关乎图书馆内部的运营，更关系到图书馆在社会中的地位和作用。通过科学合理的资源配置和可持续的发展策略，图书馆能够实现更好的服务效果，创造更大的社会价值。

九、社会责任与文化传承

作为文化机构，图书馆管理要承担社会责任，传承文化遗产，促进文化的传播和保护。图书馆应该积极参与社会公益活动，推动文化的繁荣和发展。

社会责任与文化传承原则是现代图书馆管理的重要方面。这一原则强调图书馆作为文化机构应当承担起积极的社会责任，通过文化传承和推广，为社会提供文化教育，促进文化多样性和社会和谐。以下是对社会责任与文化传承原则的综合分析：

社会责任与文化传承是图书馆管理的价值观体现。作为文化的守护者和传播者，图书馆不仅要满足读者的需求，更要承担起对社会文化的保护和传承责任。

促进文化多样性： 图书馆作为文化的传播平台，应当推广各种文化形式，包括不同地区、不同民族的文化，促进文化的多样性和共生。

弘扬优秀传统： 图书馆有责任将优秀的文化传统传承下去，通过馆藏资源、文化活动等形式，弘扬民族优秀传统文化，提升文化自信。

传播新兴文化： 社会在不断发展，新兴文化也在涌现。图书馆应当积极传播新的文化形式，引导读者了解和参与当下的文化潮流。

推动文化教育： 图书馆通过举办讲座、展览、文化活动等，为读者提供文化教育的机会，培养他们的审美素养和文化修养。

服务社会公益： 图书馆可以通过开展公益活动、关注弱势群体等方式，回馈社会，践行社会责任。比如，为儿童、老年人、残障人士等特殊群体提供特殊的文化服务。

文化资源保护： 图书馆有责任保护文化资源，包括图书、档案、文物等，防止文化遗产的流失和损毁，确保后代能够继续受益。

通过社会责任与文化传承，图书馆不仅能够充分发挥自身的文化使命，还能够为社会创造更多的正能量。这一原则的落实需要图书馆管理者具备文化视野和社会担当，积极参与文化教育、公益事业，推动社会和谐与进步。

社会责任与文化传承是图书馆管理的重要原则，体现了图书馆在文化传播和社会建设中的使命。通过承担社会责任，图书馆不仅能够传承文化，更能够推动社会的文明进步，实现图书馆在社会中的价值和影响。

图书馆管理的策略和原则是多方面的，涵盖了资源管理、技术创新、读者服务、员工培训等多个方面。这些策略和原则的实施将有助于图书馆更好地履行使命，提供高质量的服务，为读者和社会创造更大的价值。

第三节　图书馆管理的方法和模式

当涉及图书馆管理的方法和模式时，有许多策略和实践可以帮助图书馆更有效地运营和提供服务。

1. 平台生态模式： 在这一模式下，图书馆建立一个开放平台，吸引内外部参与者共同创造和分享价值。图书馆作为平台提供者，通过整合资源、创新服务，促进图书馆内外的合作与共赢。这种方法可以应用在社区之中，如，强调与社区建立紧密联系,了解居民需求,共同制定和执行图书馆服务计划。社区参与模式通过民主决策和协作活动,使图书馆成为社区的文化中心。例如,可以通过社区讨论会、问卷调查等方式获取居民反馈,然后根据反馈调整馆藏、活动计划等。

2. 数字化转型: 随着信息技术的发展,数字化转型成为图书馆管理的重要方向。这包括数字化馆藏、数字图书馆建设、虚拟参观等。通过数字化转型,图书馆能够提供在线访问、数字化资源、虚拟导览等服务,满足现代读者对便捷性和多样性的需求。这一模式强调优化运营流程,提高效率,实现数字化转型。图书馆通过数字化馆藏、在线服务等方式,降低成本、提高服务便捷性,在数字化时代保持竞争优势。

3. 社会企业模式: 这种模式将商业化思维引入图书馆管理中。图书馆可以通过提供有偿服务,如租借会议室、开展培训课程等,获得一部分收入来支持自身运营。社会企业模式有助于减轻图书馆的财务压力,提高自我可持续发展能力。

4. 资源共享模式: 在这一模式中,图书馆倡导资源共享,与其他机构、社区合作,最大化资源的利用效率和社会价值。通过共享资源、知识,图书馆实现资源互补,提供更广泛、多样的服务。图书馆可以与其他机构建立合作伙伴关系,共同推动文化教育和知识传播。例如,与学校、社区组织、文化机构合作,举办活动、展览、讲座等,拓展服务领域,丰富馆内外的文化资源。

5. 持续学习与创新模式: 这种模式强调图书馆管理者和员工要不断学习、创新和适应变化,以适应信息时代的发展。持续学习与创新模式注重培养团队的学习意识和创新能力,通过不断探索新的服务模式、技术应用和管理方法,使图书馆能够在不断变化的环境中保持活力。这可以通过组织内部培训、外部学习资源的获取、与其他图书馆的交流合作等方式来实现。持续学习与创新模式使图书馆能够紧密关注行业趋势和读者需求,以更高效、创新的方式提供服务,保持在知识社会中的竞争力。

6.创新生态模式: 在图书馆管理中,创新生态模式强调构建一个持续创新的生态系统,涵盖内部和外部创新驱动因素。内部创新包括培养员工的创新思维和能力,建立创新流程和机制;外部创新则侧重于与外部合作伙伴共享资源、知识和创意,促进共同创新。通过创新生态模式,图书馆可以跨界合作、引入新技术,不断推出新产品与服务,实现可持续发展并在市场中保持竞争优势。

7. 服务创新与个性化模式: 这一模式侧重于不断创新服务内容和方式,

以满足不同读者的个性化需求。通过引入新的服务模式、技术和活动，图书馆可以为读者提供更有价值、更贴近他们兴趣的服务，增强其与读者的互动。

8. 社会共享模式： 在这一模式下，图书馆强调与社区和其他机构分享资源、知识和文化。通过与学校、社会组织等合作，图书馆可以共享资源、举办活动、推广文化，实现资源互补，为更广泛的受众提供服务。

9. 管理创新与灵活性模式： 这一模式强调图书馆管理要具备灵活性和变革能力，以适应不断变化的环境。通过管理创新，图书馆可以调整组织结构、采用新的管理方法，从而更好地应对外部环境变化。

10. 客户导向模式： 这种模式将客户放在核心位置，通过深入了解客户需求、提供个性化解决方案，实现客户价值最大化。图书馆通过持续改进、创新服务，不断提高客户满意度和忠诚度。

11. 创新与多元收入模式： 在这一模式下，图书馆通过创新服务、推出新产品，寻求多元化的收入来源，降低对传统资金来源的依赖。图书馆通过社会企业化、会员制等方式实现持续的可持续发展。

这些模式能够为图书馆提供不同的发展路径，使其更好地适应变化的环境，提供更多样化、创新性的服务，从而实现长期的可持续发展。这些方法和模式是图书馆管理中常用的策略，每种方法都有其独特的优势和应用场景。在实际操作中，图书馆管理者可以根据自身情况和目标，灵活选择和结合不同的方法和模式，以实现更有效的管理和更优质的服务。

第四节　图书馆的管理环境与职能

图书馆作为信息传播和知识服务的机构，其管理环境和职能在不断变化的信息时代中扮演着重要的角色。图书馆的管理环境包括内部和外部因素，而图书馆的职能则涵盖着多样化的任务和责任。以下将对图书馆的管理环境和职能进行详细论述。

一、管理环境

（一）技术和数字化变革

当今社会处于数字化和信息技术革命的浪潮中，这对图书馆的管理环境产生深远影响。数字化转型使图书馆能够更好地提供在线资源、数字化服务和虚拟访问，需要图书馆管理者具备跟上技术变化的能力，同时制定数字化战略来提供创新服务。

技术和数字化变革是图书馆管理中的重要因素，它代表了图书馆在信息时代中不断适应技术进步和数字化趋势的努力。这一变革不仅影响了图书馆内部的运作方式，也深刻改变了馆藏获取、读者服务等方面，从而重新定义了图书馆的角色与功能。

技术和数字化变革为图书馆带来了许多机遇和挑战。随着信息技术的快速发展，数字化资源的获取和共享变得更加便捷，图书馆可以通过数字馆藏、在线数据库、电子图书等提供丰富多样的内容，满足读者对多媒体、跨领域知识的需求。同时，数字化变革也加速了知识的传播速度，使得图书馆能够更及时地提供新知识和信息，为用户提供更快捷的服务。

然而，技术和数字化变革也带来了一系列的挑战。首先，数字化内容的爆炸性增长使图书馆需要面对信息过载的问题，需要更有效地筛选、分类、推荐信息，以帮助读者快速找到所需内容。其次，技术的迅速更新意味着图书馆管理者和员工需要不断学习和适应新技术，以确保图书馆能够充分发挥技术优势。此外，数字化变革还引发了数字资源的安全和隐私保护问题，图书馆需要加强信息安全措施，保护用户的个人信息和隐私。

为应对技术和数字化变革，图书馆管理者需要制定数字化战略，包括加强数字资源的采集和管理，提供便捷的数字化服务，推动数字技术与图书馆服务的深度融合。此外，图书馆还需关注数字鸿沟问题，确保不同人群都能够充分享受数字化服务，不会因技术差距而被边缘化。同时，图书馆管理者需要与信息技术领域保持密切合作，充分了解和运用先进技术，推动图书馆持续适应变革，为读者提供更具时效性、多样性和便捷性的服务。

综合来看，技术和数字化变革是图书馆管理中的重要方向，尽管带来了挑战，但通过有效的战略和合作，图书馆可以实现更高效、更智能、更有创新力的服务，使其在信息社会中持续发挥重要作用。

（二）多元化用户需求

图书馆的用户不再只关注传统的书籍，还需要多样化的媒体和知识资源。这种用户需求的多元化要求图书馆管理者优化馆藏，提供丰富的数字资源，同时开展多样化的活动，以满足不同用户的需求。

多元化用户需求是现代图书馆管理中的一个重要方面，涵盖了广泛的服务对象和多样的需求。这一现象的出现源于社会的多样性和信息时代的变革，对图书馆提出了更高的挑战和期望。

在过去，图书馆主要关注书籍的收藏和传递，但随着时代的演变，用户需求也逐渐多元化。不同年龄、背景、兴趣的人群对图书馆的期望各异，涵盖了阅读、学习、娱乐、社交等方方面面。年轻人可能更关注数字资源和创意活动，学者和研究者则需要深度的学术数据库和研究支持，老年人可能寻求社交和文化交流的场所。

图书馆需要适应这一多元化的用户需求，不仅仅是满足需求，更要创造性地为不同群体提供有价值的体验。例如，针对年轻人，图书馆可以组织编程、创客活动，引导他们探索科技和创意；针对老年人，可以开设文化沙龙、讲座，满足他们学习和社交的需求。

同时，数字化技术的发展也为满足多元化需求提供了便利。图书馆可以通过数字资源、在线学习平台等方式，为用户提供更灵活、个性化的服务。比如，用户可以随时访问电子书、网络课程，不受时间和地点的限制。

然而，多元化用户需求也意味着图书馆管理者需要灵活应对。他们需要充分了解不同用户群体的需求，进行精准的市场分析和用户调研，制定符合需求的服务策略。同时，图书馆还需要持续创新，开展丰富多彩的活动，以吸引不同类型的用户，提升图书馆的吸引力和影响力。

综上所述，多元化用户需求是现代图书馆管理不可忽视的重要因素。图书馆需要适应不同用户的需求，提供多样化、个性化的服务，以满足用户的期望，并在多元化的服务中保持其文化使命和社会价值。

（三）社会和文化变革

社会和文化的不断演变也影响着图书馆的定位和角色。图书馆不再只是传统的阅读场所，更应当成为社区的文化中心、创意交流的空间，以适应现代社会和文化的发展。

社会和文化变革是图书馆管理环境中的一个重要因素，对图书馆的定位、服务内容和角色产生了深远影响。随着社会的发展和文化的变革，图书馆不再只是传统的阅读场所,而是逐渐演变为文化中心、知识创新的引领者,为社会的变革和进步提供支持。

  社会和文化变革使得图书馆需要不断调整自身的定位和角色,以满足新的社会需求。在以前,图书馆主要以提供图书借阅为主,但随着信息技术的发展和社会的多元化,图书馆需要提供更多样化的服务。这包括举办文化活动、展览、讲座、创客工坊等,吸引社区居民参与,促进社会交流和文化传承。

  图书馆也扮演着文化传承和创新的角色。随着社会价值观的变化,图书馆需要将优秀的传统文化传承下去,同时也要拥抱新兴文化,推广当代文化。通过举办文化活动、展览和讲座,图书馆成为了社区内文化的重要推动者,促进了文化的传播和多样性。

  此外,社会和文化变革也要求图书馆管理者具备开放的思维和创新的能力。图书馆需要不断创新服务模式、引入新技术,以适应社会变革的需要。创新包括数字化转型、线上服务、虚拟展览等,这些创新使图书馆能够更好地适应社会的发展,并为用户提供更丰富、多元的服务。

  综上所述,社会和文化变革是图书馆管理环境中的一个重要方面,对图书馆的角色、服务内容和创新能力提出了更高的要求。图书馆需要积极适应变革,成为社会的文化中心、知识传播的枢纽,以满足社会和用户的多元化需求,促进社会文化的进步。

  (四)合作与伙伴关系

  在图书馆的管理环境中,合作与伙伴关系日益重要。与学校、社区组织、科研机构等的合作能够丰富图书馆的资源和服务,拓展服务领域,为用户提供更全面的支持。

  合作与伙伴关系:图书馆作为一个文化和知识传播的中心,与外部机构和社区建立合作伙伴关系是实现其使命和提供更全面服务的关键。这一原则强调图书馆在管理中需要积极地与其他相关机构、社会团体以及学校等建立紧密的合作伙伴关系,实现资源共享、互利共赢。

  合作与伙伴关系为图书馆带来了多重益处。首先,合作能够丰富图书馆的资源。通过与学校、大学、博物馆等机构合作,图书馆能够借助他们的专业资源,拓展馆藏和服务内容。其次,合作能够提升图书馆的服务水平。合作伙伴能够为图书馆的读者提供更多样化的培训、讲座、展览等活动,满足不同需求。此外,合作伙伴关系还能够提高图书馆的社会影响力。与各种社会机构合作,使图书馆能够更好地融入社区,推动文化传承和知识共享。

  在建立合作与伙伴关系时,图书馆管理者需要充分考虑合作的目标和双方利益，制定明确的合作计划，确保合作的顺利进行。合作伙伴关系应当是互惠互利的，使各方都能够获得实际的收益。此外，合作需要建立在相互信任和共同价值观的基础上，这样才能够实现长期稳定的合作关系。

综合而言，合作与伙伴关系是图书馆管理的重要原则，能够为图书馆带来资源丰富、服务多样、社会影响力增强的效益。通过与各种机构和社会团体建立紧密的合作关系，图书馆能够更好地履行其使命，提供更具有价值的服务，促进文化传承和知识创新。

二、职能

1. 馆藏与资源管理： 图书馆的核心职能之一是馆藏与资源管理，这包括收集、采编、分类、编目和保护图书馆馆藏。图书馆管理者需要确保馆内资源的多样性和时效性，以满足用户的信息需求。

2. 用户服务与引导： 图书馆作为读者服务机构，其职能还包括为用户提供高效的信息咨询、阅读推荐和使用指导。图书馆管理者需要培训员工以提供专业的帮助和指导，使用户能够充分利用馆内资源。

3. 文化活动与教育： 图书馆作为文化中心，承担着举办文化活动、展览、讲座、培训等任务。这有助于提升图书馆的社会影响力，促进文化传承与创新。

4. 数字化服务与技术支持： 在数字化时代，图书馆需要提供数字资源、在线数据库、虚拟导览等服务。图书馆管理者需要确保技术设施的更新与维护，同时推动数字化服务的创新。

5. 社区合作与社会责任： 图书馆作为社区的一部分，需要与社区紧密合作，满足社区的知识和文化需求。图书馆管理者应积极参与社会公益活动，推动社会责任的落实。

6. 持续创新与发展： 图书馆管理者需要具备持续创新的精神，不断探索新的服务模式、活动形式和合作机会，以适应不断变化的环境。

综合来看，图书馆的管理环境和职能呈现多样化和复杂化的趋势。图书馆管理者需要积极适应环境变化，同时在职能层面做好资源管理、用户服务、文化传承、技术创新等方面的工作，以实现图书馆的使命与价值。

第五节 现代图书馆的规划管理

现代图书馆的规划管理是确保图书馆有效运营和服务提供的关键要素之一。它涵盖了战略规划、空间规划、服务规划等多个层面,以满足不断变化的用户需求和社会环境。以下将对现代图书馆的规划管理进行详细论述。

战略规划: 战略规划是图书馆管理的基石,它明确图书馆的长期愿景、使命和战略目标。在制定战略规划时,图书馆管理者需要考虑未来的发展趋势、社会需求和技术创新。战略规划不仅为图书馆的发展提供了方向,还为其他规划层面提供了依据,如空间规划、人员培训规划等。

空间规划: 空间规划是为了优化图书馆内部空间布局,以最大化资源的利用效率。在空间规划中,需要考虑到不同服务区域的布局,如阅览区、数字资源区、活动区等。合理的空间规划能够提升用户体验,促进馆内流动和资源利用,为用户创造更好的环境。

服务规划: 服务规划关注图书馆如何提供多样化、符合用户需求的服务。这需要基于用户调研和需求分析,制定合适的服务策略。服务规划涵盖了服务内容、活动安排、数字化服务等方面,确保图书馆能够满足不同用户的需求。

技术规划: 技术规划是现代图书馆管理的重要一环,涉及到信息技术和数字化服务的发展方向。图书馆需要根据技术趋势,制定信息系统、数字资源平台的建设规划,以提供更便捷、多样化的信息访问方式。

可持续发展规划: 现代图书馆的可持续发展规划关注长期发展的可持续性,包括财务、人力资源和社会影响等方面。图书馆管理者需要制定可持续发展策略,确保图书馆能够在经济、环境和社会层面实现平衡发展。

评估与反馈: 规划管理的过程需要不断评估和反馈。图书馆管理者应定期检视规划目标的实现情况,根据评估结果进行调整和优化。这可以通过用户反馈、数据分析等方式来实现,以保持规划的有效性和适应性。

沟通与合作: 现代图书馆的规划管理需要多方合作和沟通。图书馆管理者应与馆内各部门、外部合作伙伴、社区等进行紧密合作,共同制定和实施规划,以确保规划的顺利实施和效果的实现。

综合来看,现代图书馆的规划管理涵盖了战略、空间、服务、技术、可持续发展等多个方面。通过科学的规划,图书馆能够更好地适应变化的环境,提供优质的服务,为用户创造更好的阅读和学习体验。规划管理不仅是图书馆发展的基础,也是实现图书馆使命与价值的关键一步。

小结概述

现代图书馆管理是一个复杂而多元化的领域，旨在有效地提供信息、知识和文化服务，满足不断变化的用户需求和社会挑战。图书馆管理的核心在于通过科学的策略、方法和原则，以及灵活的规划与环境响应，实现其使命和价值。在这个过程中，图书馆管理者发挥着关键作用，引领图书馆朝着更高水平的发展迈进。

图书馆管理的策略和原则构建了管理框架，引导图书馆朝着既定目标前进。这些策略强调持续创新、用户导向、资源优化和社会责任，使图书馆成为一个现代知识中心，融合了传统与创新，服务于社区与社会。

图书馆管理的方法和模式为实际操作提供了指导。通过数字化技术、社区合作、资源共享等多种方法，图书馆能够提供更多样化的服务，为用户提供丰富的知识体验。

图书馆的管理环境与职能反映了图书馆在信息时代的角色和使命。适应数字化变革、多元化用户需求和社会文化的变革，图书馆需要跨界合作、持续创新，为读者提供深度和广度兼备的服务。

现代图书馆的规划管理则强调长期发展的可持续性。通过战略规划、空间规划、服务规划等，图书馆能够有效地配置资源、优化服务、适应变化，保持在不断演变的环境中的竞争力。

综合而言，现代图书馆管理涵盖了从战略到操作的各个层面，需要图书馆管理者有敏锐的洞察力、创新的思维和协作的能力。图书馆作为信息传播和文化传承的中心，在适应信息时代的同时，也要紧密关注社会变革和用户需求的发展，以实现其使命与愿景。图书馆管理的不断完善和创新，必将为读者提供更广阔的知识天地，推动社会的智力和文化进步。

第六章　图书馆管理的基础理论研究

图书馆管理的基础理论研究是图书馆事业发展的重要支撑。它从组织、管理、服务等角度出发，探索图书馆运营的原则和方法，以实现高效的资源利用和优质的用户体验。基础理论研究对于指导实际操作、推动图书馆发展具有重要意义。

在图书馆管理的基础理论研究中，组织理论从图书馆的内部结构和运作机制出发，探讨如何构建灵活、高效的组织体系，以适应变化的环境和需求。管理理论关注如何制定战略、优化流程、提高效率，使图书馆能够在有限资源下实现最佳绩效。

服务理论则强调用户导向，探究如何满足多样化的用户需求，提供贴近用户兴趣和知识需求的服务内容。信息科学、教育学、社会学等多个领域的理论也在图书馆管理中发挥作用，为图书馆提供跨学科的指导和启示。

基础理论研究不断丰富图书馆管理的思想和方法。通过探索新的模式、新的理念，图书馆能够更好地应对信息时代的挑战，为用户提供更优质的服务。基础理论的持续研究和应用，将进一步推动图书馆事业的创新与发展。

第一节　图书馆管理概念的相关研究

图书馆管理概念的研究是图书馆事业发展的重要基石，它涉及到组织、资源、服务等多个方面，为图书馆管理者提供了理论指导和实践参考。通过对图书馆管理概念的深入研究，可以更好地把握图书馆的运营特点，实现高效、创新和用户导向的管理。

一、图书馆管理概念的演进

图书馆管理概念在不同时期有不同的演变和定义。从传统的馆藏管理到现代的用户导向，图书馆管理概念逐步从"书本中心"转向"用户中心"，强调以用户需求为导向，提供多元化、个性化的服务。

图书馆管理概念的演进是反映着图书馆事业发展历程的一个重要方面。从传统的馆藏管理到现代的用户导向，这一演进体现了图书馆在适应时代变革和满足用户需求方面的不断探索和创新，这一过程为图书馆提供了更深层次的指导和发展方向。

在演进的早期，图书馆主要以馆藏为中心，强调图书的收集、分类和管理。这种馆藏导向的管理概念在传统图书馆中占据主导地位，强调的是保护和保存馆内的文献资料。然而，随着信息技术的发展，数字化时代的到来，图书馆管理概念开始转向用户导向。

现代图书馆管理概念的演进强调以用户为核心，将用户需求与图书馆服务紧密结合。图书馆的使命逐渐从单纯的信息保存转变为信息传播和知识服务，要求图书馆更加灵活、多样地满足用户的学习、研究和文化需求。这种演进促使图书馆管理者从被动的资源管理者转变为主动的服务提供者，需要更深入地理解和满足用户的需求，创新服务方式和内容。

图书馆管理概念的演进还与社会环境的变化密切相关。随着社会多元化、信息爆炸以及移动技术的普及，图书馆不仅要面对传统文献资料的管理，还需要适应数字化、全球化的新时代要求。这意味着图书馆管理概念不断拓展，涵盖了数字资源管理、网络服务、社区互动等更多领域。

总之，图书馆管理概念的演进是图书馆事业的必然产物，体现了图书馆为适应时代发展和用户需求的努力。从馆藏导向到用户导向，从信息保存到知识传播，这一演进推动着图书馆不断创新和发展，以更好地服务于社会、教育和文化进步。

二、组织管理概念

图书馆作为一个组织，需要运用组织管理概念来确保高效运营。例如，管理层次、权责分明、沟通流畅等组织管理原则，可以帮助图书馆构建协调有序的工作机制，实现资源的最大化利用。

组织管理概念在现代图书馆管理中扮演着关键角色，它涉及了图书馆内部的结构、职责、权责分配以及协调机制等方面。通过深入分析和应用组织管理概念，图书馆能够建立起高效的工作体系，实现资源的优化配置，提升服务质量，更好地满足用户需求。

组织层次和架构： 组织管理概念强调在图书馆内部建立合理的组织层次和架构。不同部门和岗位的设置应根据职能和工作流程划分，确保信息传递和决策流程的畅通。合理的组织层次能够避免决策滞后和信息失真，提高工作效率。

权责分配和授权机制： 组织管理概念强调权责的明确分配和授权机制的建立。每个职位和部门应有明确的职责范围和权力，避免决策权和责任不明确的情况。合理的权责分配能够提高员工的责任感和积极性，推动工作的顺利进行。

沟通与协作： 组织管理概念关注沟通与协作的重要性。在现代图书馆，各个部门之间需要密切合作，共同推动图书馆的发展。有效的沟通机制和协作平台能够促进信息共享、资源整合，实现部门间的协同工作。

员工培训和发展： 组织管理概念强调员工的培训和发展。培训能够提升员工的专业素养和能力，使其适应快速变化的图书馆环境。发展机会能够激发员工的创新意识和工作动力，为图书馆的长远发展注入活力。

监督与评估： 组织管理概念强调监督和评估机制的建立。对于图书馆的各项工作和绩效进行监督和评估，有助于发现问题、改进流程，并及时调整策略。这能够使图书馆保持敏锐的反应能力，适应不断变化的环境。

综合而言，组织管理概念是图书馆管理中不可或缺的一部分，它涵盖了图书馆内部各个方面的管理与协调。通过合理的组织层次、权责分配、沟通机制、员工培训和监督评估等，图书馆能够构建起高效、有序的工作体系，提供优质的服务，推动图书馆事业的持续发展。组织管理概念的应用不仅能够优化图书馆的内部运作，还能够为外部用户提供更好的知识获取和文化体验，使图书馆真正成为社会的知识中心。

三、资源管理概念

图书馆资源管理关乎馆藏、人力、财务等方面。资源管理概念强调如何合理配置、利用和更新图书馆的各类资源，以满足用户需求，实现资源的持续可用。

资源管理概念在图书馆管理中具有重要意义，它涵盖了馆藏、人力、财务等多个方面，旨在实现资源的最优配置和持续利用。资源管理的有效实施可以提升图书馆的运营效率、服务质量和可持续发展能力。

（一）资源管理的要点：

馆藏管理：馆藏是图书馆的核心资产，资源管理的重要方面之一。这包括选购、编目、分类、整理、展示等各个环节，以确保馆内资源得以组织有序并为读者所利用。同时，数字化技术的发展也使数字资源的管理成为不可忽视的部分，要确保数字资源的存储、检索和可访问性。

人力资源管理：图书馆的工作人员是服务提供的主要力量。资源管理关注如何合理配置人力资源，使其能够发挥最大效益。这包括人员培训、激励、绩效评估等方面，以促进员工的专业成长和积极性。

财务管理：财务管理是图书馆运营的基础，它涉及预算编制、经费使用、财务审计等。资源管理要确保资金合理分配，以支持馆内各项活动和服务的开展，同时保持财务的透明和合规性。

（二）资源管理的意义：

1. 最优配置资源：资源管理使图书馆能够根据用户需求和社会变化，将资源投放到最需要的领域，从而实现资源的最优配置。这有助于提升服务质量，满足读者多样化的知识需求。

2. 提高效率：有效的资源管理可以避免资源浪费和冗余，提高运营效率。通过自动化流程和数字化管理，图书馆可以节省时间和人力成本，专注于更有价值的工作。

3. 可持续发展：资源管理注重长期利用价值，有助于图书馆的可持续发展。通过有效管理馆藏、人力和财务，图书馆可以保持持续的运营和影响力。

4. 服务创新：资源管理也为创新提供了基础。资源管理可以为图书馆提供更多的灵活性和可操作性，促进新服务、新活动的开展。

（三）资源管理的挑战：

资源增长和多样性：随着信息的快速增长和多样性，资源管理需要适应不断扩大的馆藏范围和多样化的需求。

数字化技术发展：数字化资源的不断增长和技术更新也给资源管理带来了挑战。如何有效管理数字资源、确保数据安全和隐私成为重要议题。

综合而言，资源管理概念在现代图书馆管理中扮演着关键角色。通过优化馆藏、合理配置人力和财务资源，图书馆可以实现高效运营和持续发展，为用户提供更优质的知识服务。同时，资源管理也需要与信息时代的变革相结合，不断探索新的管理方法和途径，以应对不断变化的挑战。

四、服务管理概念

服务是图书馆存在的目的，服务管理概念着重在提供高质量、多样化的服务。用户满意度、服务创新、个性化需求等服务管理原则，引导图书馆不断优化服务流程和内容。

服务管理是现代图书馆管理的核心概念之一，它涉及到如何提供高质量、多样化的服务，以满足用户的多样化需求。在服务管理的背后，蕴藏着用户导向、创新、效率等多个方面的原则和策略，从而塑造了图书馆在社会中的角色和影响。

1. 用户导向： 服务管理强调以用户为中心，从用户需求和期望出发，为用户提供有价值的服务。图书馆需要通过调研、反馈机制等方式，深入了解用户的兴趣、需求，以便调整和优化服务内容，提升用户满意度。

2. 个性化服务： 个性化服务是服务管理的关键要素之一。图书馆应当根据不同用户的特点和需求，提供个性化的服务体验。这可以通过数字化技术实现，如为用户推荐符合其兴趣的书籍、提供个性化的学习路径等。

3. 创新和多样性： 服务管理需要持续创新，不断引入新的服务模式和内容。图书馆可以通过举办创意活动、开展主题展览、推出新型数字服务等方式，吸引用户，满足他们不断变化的需求。

4. 效率与流程优化： 服务管理强调提高服务效率，通过优化流程和资源配置，使服务更加快捷、高效。这可以包括自助服务设施的引入、信息查询的便捷化等措施，使用户能够更便利地获取所需信息。

5. 持续改进： 服务管理需要持续地进行评估和改进。图书馆应当建立反馈机制，收集用户意见和建议，根据用户的反馈不断优化服务质量，保持与用户需求的紧密匹配。

服务管理概念的核心是实现用户满意度和价值创造。通过在服务提供的各个环节注重用户的需求和体验，图书馆能够更好地实现其使命，为用户提供有益的知识、信息和文化资源，推动社会的知识传承和创新发展。服务管理的持续创新和提升，是现代图书馆持续发展的关键因素之一。

五、创新管理概念

面对信息时代的挑战,图书馆需要具备创新管理概念。创新管理关注如何鼓励员工创意、推动服务创新,促使图书馆保持活力和竞争力。

创新管理是现代图书馆管理中的重要概念,涵盖了管理方法、组织文化和服务模式的创新。这一概念强调在不断变化的信息环境中,图书馆需要保持活力,积极推动创新,以满足用户日益多样化的需求。创新管理的核心在于鼓励和引导员工从各个方面寻求新的思路和方法,以不断改进服务、提升效率和提供更多元化的体验。

1. 创新文化的培养: 创新管理概念强调创新文化的培养。这需要管理者倡导开放的思维方式,鼓励员工提出新想法,共享经验,克服传统观念的限制。创新文化能够激发员工的创造力,促进团队的协同创新。

2. 创新方法的应用: 创新管理要求引入新的管理方法和工具,以适应不断变化的环境。例如,引入设计思维、敏捷管理等方法,可以帮助图书馆更快速地响应用户需求,优化服务流程。

3. 服务模式的创新: 在图书馆管理中,创新不仅仅是关于内部流程,还涉及到服务模式的创新。引入数字化技术、虚拟现实、社交媒体等新技术,能够拓展图书馆的服务范围,提供更丰富的互动体验。

4. 用户参与的鼓励: 创新管理概念鼓励用户参与创新过程。通过用户反馈、需求调研等方式,图书馆可以更准确地把握用户需求,针对性地推出创新服务,提升用户体验。

5. 持续改进和学习: 创新管理不仅是一次性的创新,更包括了持续的改进和学习。管理者需要倡导持续改进的精神,不断反思,寻找改进的机会,保持图书馆的竞争力。

通过创新管理,图书馆能够更好地适应快速变化的信息环境,满足用户多样化的需求,提供更具创意和前瞻性的服务。创新管理不仅有助于图书馆在信息社会中的定位,也能够为图书馆带来更大的社会影响力和用户认可。总之,创新管理概念是现代图书馆管理中不可或缺的一部分,将对图书馆的未来发展产生深远影响。

六、可持续发展概念

图书馆作为长期存在的机构,需要考虑可持续发展。可持续发展概念强调在资源利用、环境保护、社会责任等方面平衡发展,以保障图书馆的长期影响力。

可持续发展概念在图书馆管理中具有重要的意义,它强调在资源利用、社会责任和环境保护等方面实现平衡,以确保图书馆在长期内能够持续发展并产生积极影响。这一理念不仅使图书馆能够有效履行其使命,还能够为社会、环境和用户带来持续的价值。

在图书馆管理中,可持续发展概念的实现涵盖了多个层面:

1. 资源合理利用: 可持续发展要求图书馆在资源配置中注重平衡,有效利用馆藏、人力和财务资源,确保资源的最大化效用。例如,通过数字化技术和资源共享,优化资源利用,减少浪费。

2. 环境保护: 图书馆作为社会文化机构,也需要关注环境保护。采用环保材料、减少能源消耗、推行绿色运营等措施,能够减少图书馆的环境足迹,为可持续发展作出贡献。

3. 社会责任: 图书馆作为文化和知识传播中心,有责任促进社会公平与文化传承。通过开展社区活动、提供对特殊人群的服务等方式,图书馆能够履行社会责任,为社会做出积极贡献。

4. 长远规划: 可持续发展需要图书馆从长远角度思考,制定具有前瞻性的规划。这涉及到馆内的资源更新、技术升级,以及更好地适应社会变革和用户需求。

5. 社会影响: 可持续发展的实现将为图书馆带来更广泛的社会影响。通过传承文化、普及知识、提供教育等功能,图书馆能够为社会的发展做出积极贡献。

可持续发展概念在图书馆管理中是至关重要的。它不仅关乎图书馆自身的发展,还涉及到社会、环境和用户的利益。通过合理利用资源、保护环境、承担社会责任,图书馆能够实现可持续的发展,为社会创造更加美好的未来。这一概念的应用能够引导图书馆在不断变化的环境中保持活力,为用户提供更优质的服务,同时也为社会和文化的传承做出贡献。

图书馆管理概念的相关研究需要将理论与实践相结合,根据不同的情境和需求进行灵活运用。管理者可以借助这些概念,制定适合自身图书馆的管理策略,提升服务水平,推动图书馆事业的不断发展。同时,不断对这些概念进行反思和更新,能够使图书馆管理始终保持创新和适应性。通过深入研究图书馆管理概念，可以更好地实现图书馆使命，为社会和用户提供更优质的知识和文化服务。

第二节　图书馆管理原理的相关研究

图书馆管理原理的研究是图书馆事业高效运营的基础。这些原理涵盖了组织、资源、服务等多个方面，旨在为图书馆管理者提供指导，使其能够更好地规划、组织和实施各项工作，提供优质的文化和知识服务。

1. 组织管理原理：图书馆作为一个组织，需要遵循一系列管理原则，以确保内部协调和高效运转。权责分明、层级清晰、沟通畅通等原则有助于构建有序的组织结构，使各部门协同合作，提高工作效率。

2. 资源管理原理：资源管理原理强调如何合理配置和利用图书馆的资源，包括馆藏、人力、财务等。资源管理原则有助于优化资源利用效率，确保图书馆能够满足用户多样化的需求。

3. 服务管理原理：图书馆的存在是为了服务用户，服务管理原理关注如何提供高质量、个性化的服务。用户导向、多元化服务、持续改进等原则可以帮助图书馆提升服务质量，满足用户需求。

4. 创新管理原理：面对不断变化的社会环境和技术进步，创新管理原理变得尤为重要。创新管理强调激励员工的创意，鼓励尝试新的服务模式和技术手段，以适应时代的发展。

5. 可持续发展原理：图书馆作为长期存在的机构，需要考虑其可持续发展。可持续发展原理强调在资源利用、社会责任和环境保护等方面取得平衡，确保图书馆能够长期地发挥作用。

6. 用户导向原理：图书馆的存在是为了满足用户的需求，用户导向原理将用户需求放在首位。理解用户需求、提供个性化服务、积极听取用户反馈等原则有助于确保图书馆服务的质量和可持续性。

7. 数据驱动原理：随着数字化时代的到来，数据的收集和分析变得尤为重要。数据驱动原理强调通过数据分析，了解用户行为、优化资源配置、改进服务，以更好地满足用户需求。

8. 合作与伙伴关系原理：图书馆不再孤立存在，与其他机构、社区的合作变得至关重要。合作与伙伴关系原理强调与外部合作伙伴建立紧密合作，实现资源共享、互利共赢。

综合而言，图书馆管理原理的相关研究为图书馆管理者提供了宝贵的指导和思路。这些原理不仅适用于图书馆内部的各项工作，还能够指导图书馆与外部环境的互动和发展。通过遵循这些原理，图书馆能够更好地实现其使命，提供优质的文化和知识服务，为社会的发展做出积极贡献。

第三节　我国现代图书馆管理体系建设研究

中国现代图书馆管理体系建设研究旨在适应信息时代的挑战和社会需求，构建更加科学、高效、用户导向的图书馆管理体系，以提供优质的知识和文化服务，促进社会进步和人的全面发展。这一研究体系基于社会主义价值观，强调创新、可持续发展和社会责任，旨在为图书馆事业注入正能量。

一、创新导向

现代图书馆管理体系建设鼓励创新思维和实践。借助数字技术、互联网等先进工具，图书馆可以开发创新的服务模式，如虚拟展览、数字化资源平台等，满足用户多样化的需求。

创新导向是现代图书馆管理中至关重要的理念，它体现了图书馆在适应快速变化的信息时代和满足多样化用户需求方面的迫切需求。创新导向的核心在于鼓励不断的创新和改进，以确保图书馆能够不断提供更具吸引力和有效性的服务和资源。

1. 适应信息时代：创新导向使得图书馆能够适应信息技术迅猛发展的挑战。图书馆应利用数字化技术、人工智能等现代工具，将传统的文化传承与新技术相结合，开发出创新的数字化服务，如虚拟阅览室、在线学习平台等。

2. 满足用户需求：创新导向注重深入了解用户需求，以用户为中心进行创新。图书馆可以通过开展用户调研、分析用户行为数据，了解用户的兴趣和需求，从而精准推出个性化的服务，提高用户满意度。

3. 提升服务体验：创新导向强调提升用户的服务体验。图书馆可以创新服务模式，引入自助借还设备、智能咨询系统等，提高用户办事效率，使用户在图书馆获得更愉快的体验。

4. 推动知识创新：创新导向激发图书馆员工的创意和智慧，推动知识创新。图书馆可以鼓励员工参与研究、创作，举办创意竞赛、展览等活动，促使知识的产生和传播。

5. 引领社会变革： 创新导向使得图书馆能够成为社会变革的引领者。图书馆可以举办公益讲座、社会热点讨论等活动，为社会提供知识支持，引导社会对话，促进社会进步。

6. 跨界合作： 创新导向鼓励图书馆与其他领域合作，融入跨界资源。通过与教育、文化、科技等领域的合作，图书馆能够引入多元化的资源，丰富自身的服务内容。

7. 鼓励尝试与失败： 创新导向要求图书馆鼓励员工尝试新方法，并接受失败。失败并不意味着倒退，反而是积累经验的一部分。图书馆应为员工提供安全的创新环境，以推动不断的探索和创造。

综合而言，创新导向在现代图书馆管理中具有重要作用。它不仅有助于图书馆适应时代变革，提供创新的服务，还能够促进知识创新、社会进步，并激发员工的潜力。通过创新导向，现代图书馆管理能够在快速变化的环境中持续发展，为用户提供更具价值的服务和资源。

二、用户导向

用户是图书馆存在的根本，管理体系建设应更加注重用户的体验和需求。通过用户调研、数据分析等手段，了解用户期望，优化服务内容和形式，提供贴近用户兴趣的服务。

用户导向是现代图书馆管理中的核心理念，它强调将用户的需求和满意度置于首位，以实现优质的服务和持续的发展。这一理念体现了图书馆作为服务机构的使命，旨在为用户提供贴近需求的知识和文化资源，从而推动图书馆事业的蓬勃发展。

重要性： 用户导向对于图书馆的发展至关重要。它使图书馆不再局限于传统的馆藏和服务模式，而是根据用户需求不断创新。用户导向可以提高用户满意度，增强用户忠诚度，形成积极的用户口碑，从而推动图书馆的可持续发展。

（一）实现方法

用户调研：了解用户需求是用户导向的第一步。通过调查、访谈等方式，收集用户的意见和建议，掌握用户的兴趣、偏好和需求，以便针对性地提供服务。

个性化服务： 根据用户的特点和需求，提供个性化的服务。通过数字化技术，可以为每个用户创建个性化的阅读推荐，增加用户的阅读体验。

反馈机制： 建立用户反馈机制，鼓励用户提供意见和建议。图书馆可以定期开展用户满意度调查，从用户的角度获取改进的方向。

多样化资源： 根据用户的多样化需求，丰富图书馆的资源。除了传统的图书、期刊，还可以引入音频、视频、数字资源等，满足不同用户的知识获取方式。

持续改进： 用户导向要求图书馆持续改进服务。图书馆应密切关注用户反馈和需求变化，及时调整和优化服务策略，以保持用户满意度。

参与式服务： 引入用户参与的概念，让用户成为服务的参与者。举办读者俱乐部、用户意见征集活动等，增强用户的参与感和归属感。

技术创新： 利用先进技术，为用户提供更便捷的服务。移动应用、在线预约、数字化资源平台等技术手段能够满足用户随时随地获取信息的需求。

通过贯彻用户导向理念，图书馆能够更好地满足用户的知识需求，提供符合用户期望的服务。这种方式不仅有助于提升用户满意度，还能够激发用户的参与热情，推动图书馆的可持续发展，为社会创造更多正能量。

三、资源整合

现代图书馆管理体系建设强调资源的整合与共享。图书馆可以与其他文化机构、教育机构合作，实现资源互补，丰富馆藏内容，提供更丰富的知识和文化资源。

资源整合是现代图书馆管理中的重要原则，旨在最大程度地利用各种资源，提供丰富多样的知识和文化服务，以满足用户多元化的需求。资源整合不仅能够优化图书馆的运营效率，还能够提升服务质量，推动图书馆事业的可持续发展。

资源整合的重要性体现在以下几个方面：

1. 丰富馆藏内容： 图书馆可以通过与其他机构、出版社合作，获取更多的图书、期刊、文献等资源，丰富馆藏内容，满足用户的知识需求。

2. 跨领域合作： 现代社会各领域之间相互关联，资源整合有助于跨领域的合作。图书馆可以与文化、教育、科研等机构合作，推动知识的跨界传播。

3. 数字资源共享： 数字化时代，图书馆可以通过数字化技术将馆藏资源数字化，实现资源的在线共享。这有助于跨地区、跨机构的资源共享，提供便捷的访问渠道。

4. 服务整合： 资源整合还可以促进服务的整合。不同类型的资源可以为不同类型的用户提供定制化的服务，满足用户的个性化需求。

5. 节约成本： 资源整合可以避免资源的重复采购和管理，节约运营成本。通过合作和共享，图书馆能够以更少的成本获取更多的资源。

资源整合的实现方法包括：

- 合作伙伴关系建立： 图书馆可以与其他图书馆、文化机构、出版社等建立合作伙伴关系，共享资源和信息。
- 数字化技术应用： 利用数字化技术，将实体资源数字化，使其在虚拟环境中得以共享和利用。
- 资源平台建设： 建立资源共享平台，集成各种类型的资源，使用户能够在一个平台上获取多样化的信息和服务。
- 文化活动合作： 与文化机构合作举办展览、讲座等活动，丰富用户的文化体验。

综合而言，资源整合是现代图书馆管理不可或缺的重要环节。通过有效整合各类资源，图书馆能够提供更丰富、多元化的服务，满足用户多样化的需求，为社会创造更大的价值。这一原则的应用能够推动图书馆事业的发展，为知识和文化的传承做出贡献。

四、文化传承与社会责任

图书馆作为文化机构，有着深厚的社会责任。现代图书馆管理体系建设强调积极参与社会公益活动，为弱势群体提供服务，推动社会和谐和进步。

文化传承与社会责任是现代图书馆管理中不可或缺的重要因素，它们不仅关乎图书馆自身的价值，更承担着社会和人类文明的传承使命。这两个方面相辅相成，共同推动图书馆事业的发展和社会的进步。

重要性与价值：文化传承是图书馆的首要任务之一。图书馆作为文化的守护者，承载着收集、保护、传播各种文化遗产的使命，通过收集各类书籍、文献、艺术品等，传承并丰富人类的历史、知识和价值观。社会责任则体现了图书馆对社会的担当。作为文化教育机构，图书馆不仅要满足用户知识需求，还要通过社会活动、公益项目等方式，积极促进社会的和谐与发展。

实践方法：

1. 丰富馆藏：图书馆通过收购、捐赠等方式，积极扩充馆藏，收纳各类文化遗产。不仅要关注经典著作，还要收集当代文化创作，确保多样性和时代性。

2. 数字化传承：利用数字技术，图书馆可以将珍贵的文化遗产数字化，以保护其原始状态并使之更易访问。数字化文化传承也能够更广泛地将文化传递给公众。

3. 文化活动：图书馆可举办展览、讲座、工作坊等文化活动，向社会传递文化价值和知识，激发公众对文化传承的兴趣。

4. 社区服务：图书馆要走向社区，开展社区服务，为不同年龄层次、背景的居民提供文化活动和知识分享，满足他们的多元需求。

5. 弱势群体关怀：图书馆在社会责任中要关注弱势群体，如儿童、老年人、残障人士等，为他们提供特殊服务，促进社会包容和公平。

6. 文化交流：图书馆应开展国际文化交流活动，促进不同国家和地区的文化互鉴，丰富本土文化。

文化传承与社会责任作为图书馆管理中的重要内容，不仅延续了人类智慧和文明，还将图书馆与社会紧密联系，为社会的和谐发展做出贡献。通过这两个方面的努力，图书馆不仅成为了知识的宝库，更是推动社会正能量的源泉，为人类文明的持续进步做出了重要贡献。

五、国际交流与合作

现代图书馆管理体系建设需要加强国际交流与合作。借鉴国际先进经验，与其他国家图书馆分享经验，共同推动图书馆事业的发展。

国际交流与合作是现代图书馆管理的重要组成部分，它有助于促进图书馆事业的发展和创新，提升服务水平和影响力，推动文化交流和知识共享。这一理念在全球化背景下愈加重要，为图书馆提供了更广阔的发展空间。

1. 促进经验交流：国际交流使图书馆能够从其他国家和地区的先进经验中汲取灵感。通过学习不同国家的管理模式、创新实践，图书馆可以获得新思路，改进服务，提升综合竞争力。

2. 分享资源与知识：合作伙伴可以共享自己的馆藏、数字资源等，为其他图书馆提供更多的学术和文化资料。这有助于扩大馆藏内容，满足用户多元化需求。

3. 跨国研究合作：图书馆可以与国外的学术研究机构合作开展跨国研究

项目。这些合作有助于深入探讨跨文化、跨领域的课题，为学术研究提供更广阔的视野。

4. 多元化服务模式： 通过国际交流与合作，图书馆可以了解不同国家的服务模式，从而丰富自己的服务内容。借鉴他国成功的服务创新案例，图书馆可以更好地满足用户需求。

5. 引进国际资源： 国际交流与合作可以帮助图书馆引进国外的优质资源，如翻译出版品、数字化学术期刊等。这丰富了馆藏，提升了图书馆在本国的影响力。

6. 提升国际影响力： 通过国际交流与合作，图书馆能够扩大其国际影响力。在国际合作项目中取得成就，可以提升图书馆在国际图书馆界的地位和声誉。

7. 跨界合作创新： 图书馆可以与其他领域的机构合作，共同探索新的合作领域和创新模式。这种跨界合作有助于图书馆向多元化方向拓展，创造更多的价值。

8. 推动文化交流： 通过国际交流与合作，图书馆可以促进文化的跨国交流，传播本国文化，了解其他国家的文化，推动文明交流互鉴。

综合来看，国际交流与合作在现代图书馆管理中具有重要的地位和作用。它不仅促进了图书馆的内外部资源共享，也为图书馆带来了创新、多元化的发展机遇。通过积极参与国际合作，图书馆能够在全球范围内扩大影响力，为社会和文化的发展贡献更多的力量。

通过中国现代图书馆管理体系建设研究，可以促使图书馆更好地适应信息社会的变革和发展，实现优质文化传承和知识服务。这一研究体系的实施将为图书馆事业注入积极的能量，为社会培育正能量，推动社会的进步与发展。

小结概述

图书馆管理的基础理论研究是现代图书馆事业蓬勃发展的支撑和指导。这一研究涵盖了图书馆管理概念、图书馆管理原理以及我国现代图书馆管理体系建设，共同构建了一个科学、高效、用户导向的图书馆管理框架，为图书馆的可持续发展提供了坚实基础。

图书馆管理概念的相关研究强调图书馆不再是传统的书库，而是一个多功能、多元化的文化知识中心。这一概念指引图书馆服务的多样性，强调用户导向、创新、社会责任和持续发展，确保图书馆与时俱进，满足信息时代的多元需求。

图书馆管理原理的相关研究为图书馆提供了科学的管理指导。这些原理涵盖了组织、资源、服务、创新、可持续发展等多个方面，强调资源整合、用户导向、合作伙伴关系等，以提升服务质量和社会影响力。

我国现代图书馆管理体系建设研究旨在为中国图书馆在信息时代发挥更大作用提供路径和策略。这一研究强调创新、可持续发展、社会责任和国际交流与合作，促使图书馆不断更新服务模式、提升服务水平、推动文化交流。

这些基础理论研究相互融合，构筑起一个现代图书馆管理的体系，为图书馆事业注入了正能量。从概念的重新定义到原理的指导实践，再到国内外现代图书馆管理体系的建设，这些研究为图书馆管理者提供了强有力的工具和思路。综合考虑用户需求、资源整合、创新发展、社会责任和国际交流，图书馆管理体系正朝着更加科学、开放、务实、创新的方向迈进。

总之，图书馆管理的基础理论研究为图书馆在不断变化的环境中保持活力，实现可持续发展，提供优质的文化和知识服务，为社会创造更加美好的未来。这一研究的融合应用为图书馆事业注入了新的生机，同时也为社会的进步和发展贡献着正能量。

第七章 新媒体时代图书馆管理研究

第一节 新媒体时代图书馆的多平台建设

随着新媒体技术的飞速发展,图书馆正面临着数字化、网络化、社交化的深刻变革。在这个时代,图书馆的多平台建设已经成为必然趋势,旨在更好地满足用户需求、扩大影响力、推动文化传承和知识普及。本文将详细分析新媒体时代图书馆的多平台建设,探讨其意义、挑战以及成功实践。

一、多平台建设的意义

1. 满足多元化需求:新媒体时代,用户获取信息和知识的途径更加多元。图书馆通过在多个平台提供服务,可以更好地满足不同用户的需求,包括在线阅读、文献检索、数字资源访问等。

2. 扩大影响力: 多平台建设使图书馆能够覆盖更广泛的受众群体,包括不同年龄段、背景、地域的用户。这有助于提升图书馆的影响力和社会认知度。

3. 增强互动和参与: 新媒体平台具有互动性强的特点,图书馆可以与用户进行更直接的互动,开展在线讲座、问答、互动活动,增强用户的参与感。

4. 推动文化传承: 多平台建设有助于推广和传承文化,通过线上展览、文化活动等形式,使更多人了解和关注文化遗产。

二、多平台建设的挑战

1. 内容整合与更新: 不同平台需要提供多样化的内容,但如何在多平台间进行内容整合和更新是一个挑战，需要有效的内容管理系统和资源分配。

2. 用户体验一致性：用户在不同平台上的体验应保持一致，包括界面设计、功能操作等，这需要技术和设计的协同工作。

3. 网络安全和隐私保护：在数字化环境中，图书馆需要重视用户数据的安全和隐私保护，防范信息泄露和网络攻击。

4. 人才需求与培养：多平台建设需要涵盖技术、设计、运营等多个领域的人才，图书馆需要培养和吸引相关人才。

三、成功实践与建设策略

1. 多渠道发布：图书馆可以建设官方网站、移动应用、社交媒体账号、电子期刊平台等，以覆盖不同用户的访问习惯。

2. 内容个性化：根据不同平台和用户特点，推送个性化的内容。例如，社交媒体强调短视频、趣味性，网站则注重深度阅读。

3. 互动和参与：在各平台上开展互动活动，如线上问答、作品征集、线上展览等，吸引用户参与。

4. 数据分析与优化：利用数据分析工具，了解用户行为、偏好，优化平台内容和功能，提升用户体验。

5. 合作与资源整合：与其他机构、社区合作，共享资源，拓展平台内容。可以与出版社、学术机构合作，推出专业性内容。

在新媒体时代，图书馆的多平台建设成为一项重要策略，旨在适应多元化的用户需求、扩大影响力、推动文化传承和知识普及。这种建设意味着更广泛的服务范围，更深入的互动，以及更多元的内容形式。然而，这一举措也面临着内容整合、用户体验的统一、网络安全等挑战。成功的实践需要在多平台上保持内容的一致性，推动个性化推送，通过互动活动促进用户参与，并借助数据分析持续优化。此外，与其他机构合作，共享资源，进一步丰富平台内容，也是取得成功的关键。通过多平台建设，图书馆能够更好地满足用户需求，传承文化，推广知识，扩大影响力，为信息时代的图书馆事业注入活力。

第二节 新媒体时代图书馆危机管理

新媒体时代的来临为图书馆带来了机遇，同时也带来了危机。在信息传播日益迅速和广泛的背景下，图书馆不仅需要关注服务创新，还必须有效应对各种潜在的危机。本文将从危机的特点、危机管理的重要性以及应对策略等方面，详细论述新媒体时代图书馆危机管理。

危机的特点：

1. 传播速度与范围：在新媒体时代，信息传播速度极快，一条不准确或负面信息很快就能在网络上迅速扩散，对图书馆的声誉造成严重影响。

2. 公众参与度：社交媒体等平台赋予公众更大的表达权，用户可以随时随地发布评论、意见和投诉，一些负面情绪或不满容易升级为危机。

3. 虚假信息传播：虚假信息和谣言在新媒体时代更容易传播，图书馆可能会成为虚假信息的传播者或受害者，损害信任和形象。

4. 声誉受损：一旦危机发生，图书馆的声誉和形象可能会受到严重损害，影响用户的信任和使用。

危机管理的重要性：

1. 声誉保护：危机管理可以帮助图书馆及时应对和控制危机，减少负面影响，保护声誉。

2. 用户信任：有效的危机管理能够表现图书馆的责任感和应对能力，增强用户对图书馆的信任。

3. 形象修复：危机管理不仅关乎危机的应对，还包括危机后的形象修复工作，通过积极行动重建声誉。

应对策略：

1. 危机预警：设立专门团队，监测网络舆情，及时发现负面信息的蛛丝马迹，以便在危机发生之前做出反应。

2. 制定应急计划：提前制定应对各类危机的详细应急计划，包括人员分工、信息发布渠道等，确保在危机发生时能迅速做出反应。

3. 及时回应和解释：在危机爆发后，要及时发布真实、准确的信息，解释事件的来龙去脉，以减少误解和恐慌。

4. 建立沟通渠道：在平常时期，建立与用户的沟通渠道，鼓励用户提供意见和反馈，增强用户对图书馆的参与感。

5. 透明沟通：在危机时，要保持透明的沟通，坦诚面对问题，展示积极解决问题的态度，以维护用户的信任。

6. 危机演练：定期进行危机演练，让团队熟悉应急程序，提升应对能力，确保在危机发生时能够冷静应对。

7. 借助社交媒体：利用社交媒体平台与用户互动，发布正面信息，积极回应用户关切，控制舆论方向。

8. 建立合作伙伴关系：与媒体、政府、社区等建立紧密的合作伙伴关系，形成联合应对危机的力量。

在新媒体时代，危机的发生可能性更高，但通过合理的危机管理策略，图书馆可以有效地应对危机，减少损失，维护声誉，实现可持续的发展。只有通过危机管理，图书馆才能在信息传播的洪流中保持良好的形象和信誉，为用户提供持续优质的服务。

第三节 新媒体时代公共图书馆读者管理优化

公共图书馆作为学术资源的重要提供者，承担着满足师生知识需求、促进学术交流等重要使命。在新媒体时代，图书馆的读者管理变得更加复杂，需要采取一系列策略来优化读者管理，以提供更好的服务和满足用户需求。

一、多渠道信息传播

通过新媒体平台，如官方网站、社交媒体、移动应用等，公共图书馆可以及时传递图书馆动态、资源更新、服务提醒等信息，帮助读者了解图书馆的最新情况，提高使用效率。

在新媒体时代，公共图书馆面临着信息传播的全新挑战和机遇。多渠道信息传播成为公共图书馆的沟通桥梁，旨在实现更有效的信息传递、提高用户参与度、拓展影响力，并更好地满足读者的需求。

通过多渠道信息传播，公共图书馆可以及时地向用户发布图书馆资源、服务更新、活动通知等信息，使用户获得最新的消息。官方网站作为最主要的信息传播渠道，展示图书馆的基本情况、资源分布、服务项目等，为用户提供全面了解图书馆的窗口。而社交媒体则为图书馆提供更直接、互动性强的传播平台，如微博、微信公众号、Facebook 等，通过发布有趣的内容、互动活动，引发读者的关注和参与，促进用户与图书馆之间的互动。

此外，公共图书馆可以通过移动应用等新媒体工具，实现信息的随时随地获取。移动应用不仅可以提供图书馆资源的检索和借阅，还可以发布推送通知，提醒用户还书日期、新资源上架等，为用户提供更便捷的服务。同时，电子邮件、短信通知等方式也可以用于传递重要信息，提醒用户参与活动或关注重要公告。

多渠道信息传播还有助于公共图书馆的品牌建设和影响力扩大。通过在不同的传播渠道上发布一致性的信息，图书馆可以塑造积极的形象，树立专业、权威的形象，增强用户对图书馆的信任。此外，多渠道传播还有助于吸引更多潜在用户的关注，扩大图书馆的影响范围，提高社会知名度。

然而，多渠道信息传播也面临着挑战。不同平台的管理和更新需要耗费人力和物力，如何保持信息的一致性和准确性是一个重要问题。另外，用户在不同平台上的反馈和互动需要及时回应，这要求图书馆具备强大的互动和沟通能力。此外，信息过载可能导致用户忽略某些重要信息，因此图书馆需要合理地策划和管理信息的发布。

综合而言，多渠道信息传播在新媒体时代成为公共图书馆与用户之间的重要纽带。通过官方网站、社交媒体、移动应用等不同渠道，图书馆可以实现更广泛的信息传递，提升用户参与度，扩大影响力，为读者提供更便捷、全面的服务体验，进一步推动公共图书馆的现代化发展。

二、个性化服务推荐

利用新媒体技术，图书馆可以分析读者的借阅历史和兴趣，为每位读者推荐个性化的图书、期刊和数据库，提高资源利用率，增加用户粘性。

在新媒体时代，图书馆面临着海量信息和资源的挑战，而个性化服务推荐作为一项关键策略，旨在通过数据分析和技术手段，为用户提供更加符合其兴趣和需求的图书、期刊、数据库等资源。这种策略不仅有助于提高资源利用率，还能增加用户粘性、提升用户体验，是图书馆在数字化时代的重要变革方向。

个性化服务推荐的核心思想是将用户置于服务的中心，以用户的历史借阅记录、阅读偏好、搜索习惯等为基础，运用数据分析和人工智能技术，为每位用户定制符合其兴趣的推荐内容。这种方法的优势在于有效地缩小了信息过载带来的信息选择难题，提供了更加精准的服务。

在实际应用中,个性化服务推荐可以通过以下方式实现:

数据收集与分析: 图书馆收集用户的阅读历史、检索记录、借阅情况等数据,运用数据分析工具进行深度挖掘和分析,揭示用户的偏好和需求。

协同过滤算法: 协同过滤是一种常用的个性化推荐方法,根据用户的历史行为和其他用户的行为,预测用户可能感兴趣的内容,为其推荐相关资源。

内容推荐引擎: 基于内容的推荐引擎分析资源的关键词、标签等信息,与用户的兴趣匹配,为用户推荐相似或相关的内容。

混合推荐: 将多种推荐算法结合起来,综合考虑用户的不同需求和兴趣,为用户提供更全面、准确的推荐服务。

用户反馈优化: 鼓励用户对推荐内容进行反馈,根据用户的反馈信息,不断优化推荐算法,提升个性化推荐的效果。

隐私保护: 在进行个性化推荐时,必须保护用户的隐私信息,采取数据脱敏、加密等措施,确保用户数据的安全性。

通过个性化服务推荐,图书馆能够实现与用户更加紧密的互动,提供更具价值的服务体验。这种策略不仅满足了用户多样化的需求,也使图书馆能够更好地洞察用户行为和偏好,从而调整资源配置、优化服务策略,实现更加精细化的管理和服务,为用户提供更具个性化的图书馆体验。

三、在线资源和服务

公共图书馆可以通过数字化资源平台提供在线阅读、下载、检索等服务,满足读者随时随地获取信息的需求,同时还可以提供在线参考咨询,解答读者疑问。

在线资源和服务在图书馆管理中的重要性与实践:

随着新媒体时代的来临,图书馆不再局限于传统的实体资源,而是逐渐转向数字化和网络化的方向。在这一趋势下,第三条中的"在线资源和服务"成为图书馆管理中至关重要的一环,其涵盖了数字化资源平台、在线阅读、检索、参考咨询等一系列服务。这种变革不仅丰富了图书馆的服务内容,更为读者提供了更加便捷、灵活的学术资源获取途径。

在线资源丰富多样: 在线资源平台汇集了数字图书、期刊、数据库、学位论文等丰富的学术资源,使得读者无需前往图书馆,即可随时随地访问大量的知识。这种便利性大大拓展了用户获取信息的途径,为学术研究和学习提供了广阔的空间。

在线阅读与检索便捷： 通过在线资源，读者可以进行电子书的在线阅读，摆脱了传统纸质书籍的限制，实现了跨时空的学术交流。此外，强大的检索功能也使得读者能够迅速找到所需信息，提升了研究效率。

参考咨询与学术支持： 在线资源不仅仅是数字化的图书和期刊，还包括了在线参考咨询的渠道。图书馆通过在线聊天、邮件、社交媒体等多种方式，为读者提供及时的学术支持和问题解答，有助于解决读者在学术研究中遇到的困难。

知识传播和全球交流： 在线资源和服务不受时空限制，使得图书馆的知识传播能力得到了极大的增强。读者可以与全球范围内的学者交流、分享，促进了国际间的学术合作与交流。

实践： 在图书馆管理实践中，开发和维护在线资源平台是关键一环。这需要图书馆投入大量的技术和人力资源，确保平台的稳定性和内容的更新。同时，图书馆也需要培训工作人员，使其能够运用在线资源平台提供有效的参考咨询和指导。

总的来说，第三条中的"在线资源和服务"是适应新媒体时代的必然选择，它极大地拓展了图书馆的服务范围，提高了服务效率，为读者提供了更多元、便捷的学术资源获取途径，进一步推动了知识传播和学术交流的全球化。在新媒体的浪潮中，图书馆不仅仅是传统的文献存储机构，更成为了知识的中心和创新的引领者。

四、跨部门合作

公共图书馆可以与其他部门合作，如教务处、学生事务部门等，共同推动学术资源的整合和服务的协同，为读者提供更加全面的支持。

跨部门合作是现代图书馆管理中不可忽视的重要策略，旨在实现资源共享、服务协同、效率提升和综合发展。通过与其他部门的紧密合作，图书馆能够更好地满足用户需求，推动知识传播和文化普及，增强整体影响力。

重要性：

资源整合与共享： 图书馆作为知识资源中心，与教务处、研究机构等部门合作，可以促进学术资源的整合和共享，提升学校整体学术水平。

服务协同： 跨部门合作可以让不同部门的服务相互补充，形成综合服务体系，提供更全面、个性化的支持，满足多样化的用户需求。

效率提升： 部门之间的合作能够避免重复工作，提高资源利用效率，节省成本，使各方资源得到更有效的利用。

创新推动： 不同部门的合作能够带来不同领域的思想碰撞，促进创新，为图书馆的服务和发展注入新的活力。

影响力增强： 跨部门合作能够扩大图书馆的影响范围，使更多人了解和关注图书馆的工作，提升其社会声誉。

合作方向：

与教务处合作： 图书馆可以与教务处合作，为教师提供教材选用建议，帮助教学资源的有效利用，同时与教师一同开展学术研究，推动学术交流。

与研究机构合作： 通过与研究机构合作，图书馆可以为研究人员提供文献检索和知识管理支持，推动科研成果的传播和应用。

与学生事务部门合作： 与学生事务部门合作，图书馆可以更好地了解学生的需求和关切，开展适应性强的服务，如心理健康辅导、学习指导等。

与IT部门合作： 图书馆与IT部门合作，可以推动数字化建设，提升网络技术和设备的支持，保障图书馆的信息系统稳定运行。

跨部门合作是现代图书馆管理的重要策略，它能够促进资源整合、服务协同、效率提升和创新推动，为图书馆的综合发展提供有力支持。通过与教务处、研究机构、学生事务部门等多方合作，图书馆可以更好地满足不同用户群体的需求，提升学术影响力，推动文化传承，实现更高水平的发展目标。

综合而言，新媒体时代公共图书馆读者管理的优化需要借助新媒体技术的力量，通过多渠道信息传播、个性化服务推荐、在线资源和服务等方式，为读者提供更便捷、个性化的服务体验，从而增强图书馆的影响力和用户满意度。

第四节　新媒体时代公共图书馆信息化管理

随着新媒体技术的迅猛发展，公共图书馆正面临着信息化管理的重要挑战和机遇。信息化管理旨在将现代信息技术与图书馆管理相结合，提升图书馆的效率、服务质量以及资源利用效益。本文将详细论述新媒体时代公共图书馆信息化管理的意义、策略和实践。

一、信息化管理的意义

提升效率与便捷性： 信息化管理使图书馆的流程更加自动化和数字化，提高了借阅、归还、检索等流程的效率，为读者提供更便捷的服务。

新媒体技术的快速发展已经深刻改变了公共图书馆的服务模式和用户需求。信息化管理的实施不仅能够提升图书馆的运营效率和资源利用率，还能够满足读者个性化的信息获取需求，加强与用户的互动和沟通，以及实现更好的资源整合与共享。新媒体时代背景下，信息化管理不仅是公共图书馆适应发展趋势的必然选择，也是提供更优质、便捷、个性化服务的重要手段。

资源整合与共享： 信息化管理促进了图书馆资源的数字化整合和在线共享，实现了多种资源的一站式访问，提高了资源的利用效率。

在新媒体时代，信息化管理在公共图书馆中具有重要意义，其中之一就是资源整合与共享。通过信息化管理，公共图书馆能够将分散的纸质和数字资源进行整合，建设数字化平台，从而实现多种资源的集中管理和在线共享。这样的整合能够提高资源的利用效率，让用户能够更方便地获取所需信息，同时也促进了图书馆资源的更加有序的管理和可持续的利用。资源整合与共享是信息化管理的重要目标，也是公共图书馆在新媒体时代提供优质服务的关键之一。

个性化服务： 借助信息化技术，图书馆可以根据读者的历史借阅记录和兴趣偏好，为每位读者提供个性化的资源推荐和服务。

信息化管理的意义在于实现个性化服务，为用户提供更精准、定制化的服务体验。通过运用现代信息技术，如数据分析、人工智能等，图书馆能够深入了解用户的兴趣、需求和行为，从而精准地为每位用户推荐适合其的资源和服务，提高用户满意度和参与度。这种个性化服务不仅提升了用户体验，也为图书馆优化资源配置、提升服务质量提供了有力支持，进一步推动了图书馆向数字化、智能化方向的发展。

数据分析与决策支持： 信息化管理产生大量数据，通过数据分析，图书馆可以了解读者行为、需求等，从而更好地制定决策和优化服务策略。

信息化管理中的数据分析与决策支持是一项至关重要的策略，通过收集、整理和分析大量数据，图书馆能够深入了解读者的需求、行为和偏好，从而更准确地制定决策，优化资源配置，提升服务质量。这种数据驱动的管理方式不仅可以帮助图书馆更好地满足用户需求，还能够实现更高效的资源利用，提高用户满意度，推动图书馆的创新和发展。

知识传播和互动： 新媒体技术为图书馆提供了与用户互动的平台，如社交媒体、在线讲座等，促进了知识的传播和交流。

信息化管理在公共图书馆中具有重要意义，其中之一是促进知识传播和互动。随着新媒体技术的发展，图书馆能够通过数字化资源、社交媒体等途径，更有效地传播知识、推广学术成果，并与读者进行互动交流。这不仅丰富了知识传播的方式，还强化了图书馆与读者之间的联系，促进了学术交流和共享，为知识社会的建设提供了有力支持。

二、信息化管理的策略和实践

数字化资源建设：公共图书馆需要将纸质资源数字化，建设数字资源平台，为读者提供在线阅读、下载、检索等功能。

在信息化管理的策略和实践中，数字化资源建设是一项关键举措。通过将纸质资源数字化，搭建数字资源平台，公共图书馆可以为读者提供更便捷的在线阅读、下载、检索等功能。这不仅扩大了读者获取信息的渠道，还促进了图书馆藏书资源的有效利用。数字化资源建设使得知识和信息能够随时随地可及，为读者提供了更为灵活、便利的信息获取方式。同时，数字化资源的整合和在线共享，也加强了图书馆与其他机构之间的资源合作，推动了知识共建和共享的进程。通过数字化资源建设，公共图书馆能够在信息化时代更好地满足读者的知识需求，提升服务水平，更广泛和深入地实现知识传播。

数字图书馆建设：搭建数字图书馆平台，将图书馆的藏书资源进行数字化整合，方便读者随时获取图书馆资源。

移动应用开发：开发移动应用，让读者可以随时随地访问图书馆服务，包括在线预约、借阅、查询等功能。

信息化管理的策略之一是移动应用开发，这是在新媒体时代公共图书馆为提升服务质量和读者体验而采取的关键举措。通过开发移动应用，图书馆将服务延伸到了移动端，为用户提供了更便捷、灵活的访问方式。移动应用不仅满足了读者随时随地获取信息的需求，也实现了与读者更直接的互动和沟通。这不仅可以加强图书馆与读者的联系，还能提升读者的参与度，推动知识的传播和共享。通过移动应用，图书馆能够实现资源查询、借阅、预约、评论互动等一系列功能，为读者提供全方位的服务，进一步拓展了图书馆的服务渠道，推动了信息化管理在图书馆中的深入实践。

个性化服务推荐： 借助数据分析技术，为读者提供个性化的资源推荐，使读者能够更精准地找到自己需要的信息。

在信息化管理的策略和实践中，个性化服务推荐是一项关键举措。通过借助数据分析技术，个性化服务推荐旨在根据用户的历史行为、兴趣偏好等信息，为每位用户量身定制服务和资源的推荐。这种方法强调满足用户独特的需求，提供更精准、符合个体需求的服务，从而提升用户体验和满意度。通过个性化服务推荐，信息化管理能够更好地把握用户的关注点，实现资源的最优匹配，有效促进用户的参与和互动，进而推动图书馆在新媒体时代的服务质量和影响力的提升。

数据分析与优化： 利用大数据分析，了解读者行为、使用习惯，优化资源配置和服务策略，提升用户满意度。

数字化阅览室： 在数字化阅览室中提供电子期刊、数据库等资源，为读者提供便捷的在线阅读环境。

信息化管理的策略和实践在数字化阅览室方面体现着图书馆的创新和适应性。数字化阅览室通过将传统的纸质阅览环境融合数字技术，为读者提供了便捷的在线阅读体验。在数字化阅览室中，读者可以通过电子期刊、数据库、电子书等在线资源进行阅读，实现随时随地获取知识的便利。此外，数字化阅览室也为图书馆提供了更灵活的资源管理和服务机制，能够实时更新资源、追踪读者使用情况，以更好地满足读者需求。通过数字化阅览室的策略和实践，图书馆能够将信息化与服务深度融合，为读者提供更高效、个性化的阅读体验，同时也为图书馆管理带来了更多的便捷和灵活性。

知识管理系统： 建立知识管理系统，将图书馆员工的知识和经验进行整合和分享，提升图书馆的内部管理效率。

知识管理系统在信息化管理中扮演着重要角色。它是一种通过技术手段整合、存储、共享和传递组织内部知识和经验的系统。通过知识管理系统，图书馆能够捕捉并传承员工的专业知识，促进协作与创新，提升图书馆内部管理效率。此系统可以在不同部门之间实现知识流动，同时也能为员工提供快速获取和分享知识的平台，有助于提高工作效率、解决问题，并推动图书馆更好地适应信息化时代的需求。

虚拟导览和培训： 利用虚拟导览系统，为读者提供图书馆的虚拟参观体验，同时也可以通过在线培训提升读者的信息素养。

社交媒体互动： 利用社交媒体平台与读者进行互动，发布图书馆动态、在线讲座等，增加用户参与感。

信息安全保障： 在信息化管理过程中，要注意保护读者的隐私和信息安全，采取必要的安全措施。

在信息化管理的策略和实践中，信息安全保障是一个至关重要的方面。随着信息化程度的提升，公共图书馆需要采取有效措施保障用户信息的安全性和隐私保护。信息安全保障涵盖了用户数据的保护、网络系统的防护、安全政策的制定和实施等方面。通过建立强大的防护体系，合理设置权限和访问控制，加密敏感信息，定期进行安全评估和演练，公共图书馆可以保障用户数据的安全，提升用户信任感，确保信息化管理的可持续发展。

综合而言，新媒体时代公共图书馆信息化管理是不可忽视的趋势，通过数字化资源建设、移动应用开发、个性化服务推荐等手段，图书馆可以更好地满足读者需求，提升服务质量，实现信息化管理的目标。这不仅是图书馆发展的需要，也是适应数字时代知识传播和服务要求的必然选择。

小结概述

新媒体时代图书馆管理研究着眼于适应信息技术的迅猛发展，将其融入图书馆的各个方面，以满足用户需求，优化服务质量，增强应对危机的能力。在多平台建设方面，图书馆积极探索多种新媒体平台，如社交媒体、移动应用、数字化资源库等，通过多元的传播渠道，将知识和信息送达用户手中。这种多平台建设使得用户能够随时随地获取所需资源，提高了用户的信息获取效率和体验。同时，通过社交媒体等平台，图书馆可以与用户互动，了解用户需求，进行精准的推送，从而实现更个性化的服务。

然而，随着信息的传播速度和范围不断扩大，图书馆也面临着新的挑战，如虚假信息、负面舆情等。在新媒体时代图书馆危机管理方面，研究着重于建立快速反应机制，准确判断和评估危机情况，及时发布权威信息，防止危机蔓延。这需要图书馆建立强大的舆情监测系统，培训专业的危机应对团队，与媒体、用户保持良好的沟通。通过有效的危机管理，图书馆能够避免声誉受损，保护用户信任，确保其在信息时代的可持续发展。

在公共图书馆读者管理优化方面，新媒体时代提供了更多的机会。通过个性化服务推荐、在线资源共享、虚拟导览等，图书馆可以更精准地满足不同层次、不同领域读者的需求。同时，社交媒体的互动性为图书馆与读者之间建立了更紧密的联系，促进了文化交流和知识共享。公共图书馆通过新媒体技术，不仅可以为学生提供优质的学术资源，还可以扮演心理健康辅导、学习指导的角色，全方位关注学生的成长。

最后，信息化管理则是新媒体时代图书馆管理的核心。通过信息技术的运用，图书馆可以实现数字化的资源管理、数字化的服务模式，从而提高运营效率，优化资源配置。信息化管理还可以促进与其他部门的合作，实现资源共享，提升整体服务水平。综合来看，新媒体时代图书馆管理研究涉及多个方面，包括多平台建设、危机管理、读者管理优化和信息化管理，这些研究成果将为图书馆实现更加智能化、便捷化的服务，走向更加现代化的发展道路。

第八章　新媒体时代图书馆信息服务

当谈到新媒体时代下的图书馆信息服务，我们不得不考虑到信息技术的迅猛发展和数字化环境的影响。在这个时代，图书馆的信息服务已经从传统的实体资源向数字化和在线资源的提供转变，引领着信息获取、传播和共享的新趋势。

首先，新媒体时代赋予图书馆更广泛的信息传播平台。通过互联网和社交媒体等新媒体工具，图书馆可以将信息传达给更多的用户，实现信息的多渠道发布。这使得图书馆的信息不再受到地理位置的限制，更容易被用户获取和利用。

其次，新媒体技术为图书馆提供了更多样化的信息服务方式。除了传统的图书、期刊等实体资源外，数字化资源、在线数据库和电子书等也成为图书馆信息服务的一部分。这使得用户可以根据自己的需求选择不同的信息载体和格式，更加灵活地获取所需知识。

此外，新媒体时代下，图书馆的信息服务也更加注重个性化和定制化。借助用户数据分析和人工智能技术，图书馆可以更好地理解用户的需求，推荐更符合其兴趣和需求的资源和信息，提供个性化的信息服务体验。

在新媒体时代，图书馆的信息服务还涵盖了信息素养教育的方面。图书馆不仅提供信息资源，还积极开展培训和教育活动，帮助用户提升信息获取、评估和利用的能力，提高信息素养水平。

总之，新媒体时代下的图书馆信息服务不仅仅是提供信息资源，更是一个多元化、开放式的信息交流平台。它通过利用新媒体技术，拓展了信息传播的范围和方式，提升了信息服务的效率和个性化水平，进一步推动了图书馆在知识社会中的重要作用。

第一节　图书馆信息服务及信息传播模式的改变

在新媒体时代，图书馆的信息服务和信息传播模式发生了深刻的改变，这主要受到信息技术的迅速发展和数字化环境的影响。以下将详细论述这些变化，并探讨其影响。

1. 数字化信息资源的丰富和多样化：新媒体时代图书馆的信息服务不再局限于传统的实体图书和期刊，而是包括了丰富多样的数字化信息资源，如电子书、在线数据库、数字化档案等。这使得图书馆的信息资源更加广泛和多样化，用户可以根据需要选择不同类型的资源进行学习和研究。

在新媒体时代，数字化信息资源的丰富和多样化是图书馆信息服务发展的一个重要方向。传统的图书馆以纸质书籍和期刊为主要信息载体，但随着信息技术的飞速发展，数字化信息资源成为了图书馆不可忽视的一部分，这种变革对信息服务产生了深远的影响。

首先，数字化信息资源的丰富性使得图书馆能够提供更多领域、更广泛范围的知识。在过去，由于实体书籍的限制，图书馆往往只能提供有限的信息，而且在获取特定领域或主题的信息时可能存在困难。而现在，数字化资源不仅可以存储更多内容，还能够涵盖更多主题，使得图书馆能够更好地满足用户的多样化需求。

其次，数字化信息资源的多样性使用户可以选择适合自己学习和研究的资源形式。传统的实体书籍可能不够灵活，而数字化资源包括电子书、在线期刊、音频、视频等多种形式，用户可以根据自己的学习习惯和需求选择最适合的信息载体。这种多样性使得信息的获取和学习更加个性化。

此外，数字化信息资源的便捷性也为用户带来了更高的使用体验。以电子书为例，用户不再需要前往图书馆实地借阅，而是可以在家中或任何有网络连接的地方随时随地访问所需的书籍。这种随时可用的便利性使得用户的学习和研究更加高效和灵活。

然而，数字化信息资源的引入也带来了一些挑战。首先是数字资源的管理和维护问题。数字化资源需要进行储存、更新、备份等工作，图书馆需要建立相应的数字化信息管理系统，确保资源的安全和可持续性。其次是资源的版权和许可问题，数字资源的使用可能受到版权和许可限制，图书馆需要与出版商、版权方等进行合作，确保用户合法地获取和使用这些资源。

总之，数字化信息资源的丰富和多样化为图书馆带来了巨大的机遇和挑战。通过充分利用数字化资源，图书馆可以扩展其信息服务的范围，提供更多元化和个性化的资源，满足用户不断变化的知识需求。然而，图书馆也需要积极应对数字化时代的管理和合规性问题，以确保数字化信息服务的可持续性和高质量。

2. 跨时空的信息获取：传统的图书馆信息服务受到地理限制，用户需要亲自前往图书馆获取信息。然而，新媒体技术打破了这一限制，用户可以通过互联网远程获取信息，不再受地域限制。这使得信息的获取更加便捷和高效。

这种跨时空的信息获取变革，对用户和图书馆的影响都是深远的。对用户而言，他们不再需要耗费时间和精力前往图书馆，而是能够在家、办公室甚至在移动设备上即刻获取所需信息。这种便捷性极大地提高了信息的可及性和获取效率，使学习、研究和娱乐更加灵活和方便。对于图书馆而言，数字化资源的在线提供也有助于减轻实体馆藏的压力，节省了储存和管理成本。

然而，跨时空的信息获取也带来了一些挑战。首先，用户需要具备一定的数字素养，以便有效地使用在线资源，这意味着图书馆需要加强对用户的培训和指导。其次，虽然数字化资源极大地扩展了信息的获取渠道，但也可能导致信息过载，用户需要更好的信息筛选和评估能力，而图书馆则要扮演更加重要的角色，帮助用户挑选出高质量和可信赖的信息源。

总的来说，跨时空的信息获取的改变在新媒体时代塑造了用户和图书馆之间的新关系，提供了更大的灵活性和便捷性，但也需要图书馆致力于信息素养教育，以确保用户能够充分利用这一机会，同时应对信息过载等挑战。

3. 多渠道信息传播：新媒体为图书馆提供了多样的信息传播渠道，如社交媒体、网站、移动应用等。图书馆可以将信息以更多元化的形式传达给用户，增加了信息传播的灵活性。这也有助于吸引更多年轻用户，提高信息服务的可见性和影响力。

4. 个性化和定制化信息服务：新媒体技术使图书馆能够更好地了解用户的兴趣和需求，通过数据分析和个性化推荐算法，为用户提供定制化的信息服务。这使用户能够更准确地找到符合自己需求的资源，提升了信息服务的满意度。

5. 互动性和参与性增强：新媒体时代，图书馆不再只是信息的提供者，还成为了用户交流和互动的平台。通过社交媒体、在线讨论等方式，用户可以与图书馆和其他用户分享想法、交流经验，形成更加活跃的知识共享社区。

6. 异质性信息的挑战：尽管新媒体时代拓展了信息获取渠道，但也面临着信息过载和信息质量不一的挑战。图书馆需要更加关注信息筛选、评估和指导，帮助用户辨识可靠的信息源，提升信息素养。

在新媒体时代，图书馆信息服务所面临的一个重要挑战是异质性信息的问题。随着互联网的普及，用户可以轻松获取大量的信息，然而这些信息的质量和可靠性却参差不齐。在这个信息过载的环境中，用户面临着辨别、筛选和评估信息真实性的困难。虚假、不准确、偏见性强的信息可能被误解、传播，甚至影响用户的决策和观点。

对于图书馆而言，如何帮助用户有效地识别和利用可信赖的信息，成为了一项重要任务。图书馆需要在信息服务中加强信息素养教育，培养用户辨别真伪、评估信息质量的能力。这包括教授用户有效的搜索技巧、提供信息评价的标准以及阐述信息筛选的方法。

此外，图书馆还可以通过建立信息指导机制，为用户提供专业的参考，指导用户如何从各种信息源中选择可靠的资源。这可能涉及到为用户提供信息评估的工具和指南，以帮助他们在海量信息中做出明智的选择。

另一个应对异质性信息挑战的策略是利用信息技术。图书馆可以开发基于人工智能的信息过滤和推荐系统，根据用户的需求和兴趣，自动过滤和推荐具有较高可信度的信息资源。这样的系统可以帮助用户更快速地找到有价值的信息，减少了信息筛选的负担。

总之，异质性信息的挑战在新媒体时代对图书馆的信息服务提出了更高的要求。图书馆需要通过教育、指导和技术手段来帮助用户更好地应对这一挑战，确保他们能够从信息中获取准确、可靠的知识。这也体现了图书馆在信息素养教育和信息质量保障方面的重要作用。

7. 教育和培训的角色强化： 在新媒体时代，图书馆的角色不仅仅是信息提供者，还承担着信息素养教育的责任。图书馆开展信息素养培训、数字素养课程等，帮助用户掌握信息搜索、评估和利用的技能，适应数字化环境。

综上所述，新媒体时代图书馆的信息服务经历了深刻的变革，从传统的实体资源向数字化和在线资源转变，信息传播模式也从单向传递转变为多渠道、互动性和个性化的方式。这些变化丰富了信息服务的形式和内容，提高了用户体验，但也带来了信息管理和质量控制的挑战，需要图书馆持续创新和适应。

第二节　新媒体对图书馆信息服务方式的影响与现状

新媒体对图书馆信息服务方式产生了深刻的影响，从传统的实体资源向数字化和在线资源的转变，以及信息传播模式的变革，都在重塑图书馆的角色和功能。以下将详细分析新媒体对图书馆信息服务方式的影响以及当前的现状。

1. 资源数字化与在线获取：新媒体技术使得图书馆能够将大量的信息资源数字化，并通过在线平台提供给用户。电子书、在线期刊、数字档案等数字化资源的丰富存在，使用户可以在任何时间、地点获取所需信息，提高了信息获取的便捷性和效率。

2. 个性化信息推荐：新媒体时代的图书馆信息服务不再仅仅是被动提供资源，而是更加注重用户的个性化需求。通过分析用户的浏览历史、搜索记录等数据，图书馆可以为每个用户推荐更符合其兴趣和需求的资源，提升了用户体验。

3. 互动性与社交媒体：社交媒体等新媒体平台使得图书馆能够与用户进行更直接的互动。图书馆可以在社交媒体上发布信息、举办线上活动、回答用户问题，与用户建立更紧密的联系，促进了信息传播的双向性和互动性。

4. 跨界合作与开放创新：新媒体促使图书馆与其他领域进行跨界合作，创新信息服务方式。例如，图书馆与数字创意产业合作，推出跨媒体的数字化资源，拓展信息传播的形式，从而吸引更多用户参与。

5. 资源管理和可持续性：虽然新媒体带来了丰富的信息资源，但也增加了资源管理和版权保护的挑战。图书馆需要制定合理的数字资源管理策略，确保资源的合法获取、使用和保存，同时关注数字资源的可持续性和长期保存。

6. 教育与信息素养：新媒体时代图书馆不仅仅是资源提供者，还在信息素养教育方面发挥着重要作用。图书馆可以通过在线培训、数字素养课程等方式，帮助用户提升信息搜索、评估和利用的技能，适应数字化环境。

7. 跨地域合作与全球共享：新媒体使得图书馆能够更容易地与全球范围内的图书馆和信息机构合作，共享资源和知识。国际合作项目、共享数据库等促进了全球范围内的信息共享与合作，丰富了图书馆的信息服务内容。

8. 面临信息质量和真实性挑战：虽然新媒体丰富了信息资源，但也带来了信息质量和真实性的挑战。大量信息地涌入可能包含虚假、不准确的内容，图书馆需要加强信息素养教育，帮助用户辨别和评估信息的可信度。

9. 数字鸿沟问题：尽管新媒体提供了丰富的数字化资源，但仍然存在一些用户无法充分利用这些资源的问题，即数字鸿沟。图书馆需要关注弱势群体，提供培训和支持，确保他们也能够从新媒体中受益。

10. 资源管理和知识产权挑战：数字化资源的管理和维护也带来了新的挑战，如资源的存储、更新、版权管理等问题。图书馆需要探索有效的数字化资源管理策略，以确保资源的有效利用和长期保存。

综合而言，新媒体对图书馆信息服务方式产生了广泛的影响，从传统的信息提供者转变为全面的信息服务平台。图书馆需要积极应对挑战，充分发挥新媒体的优势，提供更具创新性、多样化和个性化的信息服务，以适应现代社会的信息需求。

第三节　新媒体环境下图书馆信息服务的发展措施

在新媒体环境下，图书馆信息服务的发展采取了一系列创新措施，旨在适应数字化时代的需求并提供更加丰富、便捷、可靠的服务。以下是这些措施的详细概述：

1. 数字化资源建设：图书馆积极推动资源的数字化转型，将传统实体资源数字化并建立在线数据库、电子书库等。这样的措施扩大了用户获取信息的渠道，使信息更容易访问和利用。

2. 个性化推荐技术：图书馆引入个性化推荐技术，通过分析用户的兴趣和行为，推荐符合他们需求的资源。这增强了用户体验，帮助用户更快地找到适合的信息，提升信息服务的效率。

3. 跨界合作与创新：图书馆与其他领域合作,创新信息服务模式。例如，与文化机构、创意产业合作，共同开发数字化资源、跨媒体展览等，丰富了信息服务的形式，吸引更多用户参与。

在新媒体环境下，图书馆信息服务的创新与合作模式日益强调开放性与跨界合作。其中，一项重要的创新举措是与企业合作开发数字内容，涵盖了书籍、剧本、影音等领域的版权项目。部分企业已经投入运营"书剧影音"版权开发项目，通过这种方式，图书馆可以将知识资源与创意产业相结合，推动信息服务的多样化和创新。

企业在做书、剧本、影音等版权开发项目时，图书馆可以充分利用自身的丰富信息资源和专业知识,与企业进行合作。例如,图书馆可以提供历史资料、文献参考,帮助企业进行创作和内容开发。同时,图书馆还可以从企业项目中获得授权,将特定内容或主题的数字资源整合为数字展览、在线教育资源等,为用户提供更加多样化和深度的信息体验。

这种开放创新与合作模式不仅能够帮助企业获得丰富的知识和素材,也为图书馆赋予了更大的社会影响力。合作项目的开发可以使图书馆的资源得到更广泛的传播,吸引更多不同背景和兴趣的用户参与。此外,这种合作还有助于拓展图书馆的社会角色,将其打造成为知识传播和创新合作的中心,推动文化创意产业的繁荣发展。

然而,在开放创新与合作过程中,图书馆也需要注重版权保护和资源使用的合法性。合作项目的设计应当遵循法律法规,确保知识产权得到尊重和保护。同时,图书馆需要在合作中明确资源的使用范围和权益分配等细节,以确保合作关系的稳定和可持续发展。

综合而言,与企业开展书剧影音等版权开发项目是新媒体环境下图书馆开放创新与合作的一个重要方面。通过这种跨界合作,图书馆能够充分发挥自身优势,丰富信息服务内容,推动知识传播与文化创意产业的良性互动。

4. 社交媒体互动: 图书馆在社交媒体平台建立活跃的社区,与用户进行互动,发布信息、回答问题、举办线上活动。这促进了用户与图书馆之间的双向交流,增强了信息传播的互动性。

5. 信息素养教育: 图书馆不仅提供信息资源,还积极开展信息素养培训,帮助用户提升信息搜索、评估和利用的能力。在线教程、数字素养课程等有助于用户适应数字化环境,更有效地利用信息。

信息素养教育在新媒体环境下的图书馆信息服务中具有重要意义。随着数字化时代的到来,信息的获取和利用能力变得至关重要,因此,图书馆将信息素养教育纳入了其服务范畴。信息素养教育旨在培养用户的信息搜索、筛选、评估、组织和利用能力,使其能够在信息涌现的环境中做出明智的决策。

图书馆通过举办信息素养培训、数字素养课程、工作坊等方式,为用户提供实际操作和指导,帮助他们更好地掌握信息技能。这包括教授用户如何有效地进行信息搜索,如何判断信息的可靠性和真实性,以及如何合理地整理和利用所得信息。信息素养教育也扩展到了数字隐私保护、版权意识等方面,让用户了解在数字化环境中如何保护自己的权益和隐私。

在新媒体时代,信息素养教育不仅仅是提供知识,更是帮助用户适应信息的快速变化和多样化形式的过程。图书馆通过信息素养教育,培养用户的批判性思维，使他们能够对信息进行深入分析、评估，从而更好地理解信息的含义和影响。

信息素养教育还有助于提高用户对数字资源的有效利用率，减少信息浪费。用户能够更迅速地找到所需信息，避免陷入信息过载，从而更高效地完成学术研究、工作任务等。

总之，信息素养教育在新媒体环境下的图书馆信息服务中具有不可替代的作用。通过培养用户的信息技能，图书馆不仅提供了实用的帮助，还提升了用户在数字时代的综合素质，使其更好地适应和参与现代社会。

6. 开放式数据共享：图书馆鼓励开放式数据共享，将自身资源开放给研究机构、学者、开发者等。这有助于促进知识创新，拓展资源的应用领域，加强了信息服务的社会影响力。

在新媒体环境下，图书馆信息服务的一项重要举措是开放式数据共享。这一策略旨在通过向广泛的社会群体开放自身的信息资源，促进知识创新、合作和社会发展。通过开放式数据共享，图书馆将自身积累的数字化资源，包括数字档案、研究成果、文献数据库等，开放给研究者、学者、开发者和公众，以便他们能够自由地访问、利用和重用这些资源。

这种数据共享的方式有助于扩大信息资源的应用范围和影响力。研究者和学者可以在这些开放数据的基础上进行深入的研究和创新，从而推动学术进步和科学发展。开发者可以基于开放数据构建新的应用和工具，提供更加丰富的信息服务体验。此外，公众也能够从中获益，获取更多的知识，参与到知识传播和共享的过程中。

开放式数据共享不仅有助于知识的传播，还有助于促进跨领域的合作。不同领域的研究者和专家可以利用图书馆提供的开放数据，进行跨学科的研究和合作，从而创造出更多的创新成果。这种合作方式能够拓展知识边界，解决更加复杂的问题，推动社会的发展进步。

然而，开放式数据共享也面临着一些挑战，如隐私保护、数据安全等问题。图书馆需要在开放数据的过程中注意用户隐私的保护，采取适当的安全措施，确保开放数据的合法性和可信度。

开放式数据共享是新媒体时代图书馆信息服务的创新举措之一，它通过开放自身的数字资源，促进了知识创新、跨领域合作和社会发展。这种方式不仅丰富了信息服务的内容，还为各种社会群体提供了更广阔的参与机会，推动了信息服务的开放和共享。

7. 质量评估与筛选指导：图书馆提供信息质量评估的标准和方法，帮助用户辨别可靠的信息源。这种筛选指导有助于用户在信息过载的环境中做出明智的选择，提高信息素养。

在新媒体时代，图书馆面临着海量信息的挑战，其中包括大量的不准确、虚假或低质量的信息。为了帮助用户从复杂的信息中获取可信赖的内容，图书馆采取了质量评估与筛选指导等措施。

首先，图书馆通过提供信息质量评估的标准和方法，帮助用户学习如何判断信息的可靠性。这可能涉及培训用户辨别来源的可信度、核实事实的方法以及评估作者的专业背景等。通过教育用户如何进行信息质量评估，图书馆帮助他们成为更有能力的信息消费者。

其次，图书馆为用户提供信息筛选的指导，帮助他们在海量信息中找到最适合自己需求的内容。这可能包括搜索技巧、关键词选择、使用过滤器和限定搜索范围等方法。通过这些指导，用户可以更快速地找到有价值的信息，节省时间和精力。

此外，图书馆也可以开发信息筛选工具，如信息评价插件或浏览器扩展，帮助用户在浏览网页时评估其信息质量。这些工具可以显示来源的可信度评级、提供事实核实等功能，让用户在网上浏览时更容易判断信息的真实性。

最后，图书馆可以举办培训和工作坊，分享信息评估的最佳实践，并提供实际案例来说明如何避免受到虚假信息的误导。这样的培训活动帮助用户形成更健康的信息获取习惯，增强了信息素养。

质量评估与筛选指导是图书馆在新媒体时代面对信息过载和信息质量问题时的重要策略之一。通过提供标准、教育、工具和培训，图书馆帮助用户更好地理解和评估信息，从而提高他们在信息社会中的决策能力和信任度。

8. 数据驱动决策：图书馆利用数据分析技术，深入了解用户需求和行为，以数据驱动方式进行服务的优化和创新。这样的决策能够更准确地满足用户需求，提升信息服务的质量。

9. 跨地域合作与全球共享：图书馆借助新媒体，与全球范围内的图书馆、信息机构合作，共享资源和知识。这促进了信息资源的共享与合作，拓展了信息服务的影响范围。

10. 长期保存和可持续性：图书馆要采取措施确保数字资源的长期保存，包括数字档案管理、数字资源的备份和迁移等。这有助于保障数字资源的可持续性和长期利用。

在新媒体环境下，图书馆面临着数字资源的长期保存和可持续性的挑战。随着大量数字化资源的产生，图书馆需要采取措施确保这些资源能够长期保存并持续地为用户提供价值。这涉及到数字资源的合理管理、备份、迁移以及技术的不断更新。

数字资源的保存不仅涉及到技术层面，也包括法律、政策、社会文化等多个方面。图书馆需要确保数字资源的版权合法性，遵循相关法律法规，同时也需要制定内部政策，明确数字资源的管理责任和流程，以确保资源的可持续性。

　　为了应对长期保存的挑战，图书馆需要建立适当的数字档案管理系统，将数字资源进行分类、标注和整理，以便于检索和使用。同时，定期进行资源备份和迁移是保障数字资源长期保存的关键措施，以防止硬件故障、技术过时等因素导致资源丢失。

　　技术的不断更新也是确保数字资源可持续性的重要因素。图书馆需要密切关注数字化技术的发展，将资源从旧的技术平台迁移到新的平台，以确保资源的可访问性和可用性。

　　总的来说，长期保存和可持续性是新媒体环境下图书馆信息服务不可忽视的问题。通过制定适当的政策、建立数字档案管理系统、进行资源备份和迁移，以及关注技术的更新，图书馆可以有效地应对这一挑战，确保数字资源的长期价值和可持续性。

　　综合这些创新措施，新媒体环境下的图书馆信息服务正朝着更加数字化、个性化、互动化和创新化的方向发展，旨在满足不断变化的用户需求，提升信息服务的质量和效率。

小结概述

　　在新媒体时代，图书馆信息服务正在经历一场深刻的变革与创新。这个时代的来临，不仅由信息技术的快速发展驱动，更是受到数字化环境的影响，这使得图书馆不再局限于传统的实体资源提供，而是面向更广阔的数字化和在线领域，引领着信息服务与传播的新趋势。

　　首先，图书馆信息服务及其传播模式在新媒体时代发生了显著的改变。传统的信息服务模式通常围绕着实体图书、期刊以及实物资料展开，而新媒体时代，图书馆已经转向数字化资源的丰富提供。电子书、在线数据库、数字化档案等成为信息的新载体，用户可以随时随地获取所需的知识。此外，信息传播也由单向向用户传递信息的模式，演变为更多元、互动的形式。图书馆在社交媒体、网站、移动应用等平台上积极发布信息、举办活动，与用户进行双向交流，架起了信息传播的桥梁。

新媒体对图书馆信息服务方式的影响与现状深刻而广泛。新媒体技术的发展使得图书馆能够提供更多样化、个性化的信息服务。通过数据分析和个性化推荐算法，图书馆可以更好地理解用户的兴趣和需求，为每位用户量身定制信息资源，提高用户体验。社交媒体的兴起为图书馆打开了互动与合作的大门。图书馆通过社交媒体平台与用户直接互动，发布资源、解答问题，创造了更加开放、融洽的交流氛围。与此同时，图书馆也面临着信息质量不均衡的挑战。在信息泛滥的时代，虚假、不准确的信息可能误导用户，因此图书馆需要在信息服务中加强引导，帮助用户辨识真实可靠的资源。

为了适应新媒体环境，图书馆积极采取了一系列创新的发展措施。首先，资源数字化成为重要举措之一。图书馆不仅将实体资源数字化，还通过在线数据库、电子书库等形式为用户提供丰富的数字资源。这使得用户可以更便捷地获取信息，同时也为图书馆的信息服务提供了更广阔的平台。其次，个性化信息推荐技术的引入让信息服务更加智能化。图书馆通过分析用户的浏览历史、搜索记录等数据，精准推荐符合用户兴趣的资源，从而提高了用户满意度，节省了用户的时间。

另一个重要举措是信息素养教育。随着信息爆炸式增长，用户不仅需要获取信息，更需要具备判断、评估信息真实性的能力。图书馆通过举办信息素养培训、数字素养课程，帮助用户提升信息搜索、筛选、评估等技能，培养其在信息世界中的批判性思维和判断能力。此外，图书馆还与其他领域开展跨界合作，推动信息服务的创新。与数字创意产业合作，推出跨媒体的数字化资源，为用户提供更多元的信息体验，同时也扩展了图书馆在数字时代的影响力。

然而，新媒体环境下的图书馆信息服务面临着一些挑战。信息质量的不稳定性，需要图书馆加强信息筛选、评估的指导，帮助用户辨别真假信息。同时，新媒体也带来了信息隐私与安全问题，图书馆需要关注用户隐私保护，并与其他机构合作加强数字安全防护。另外，信息服务的多元化也需要图书馆不断提升自身的综合能力，加强与社会其他部门的合作，实现资源共享、知识传递的全方位发展。

综上所述，新媒体时代图书馆信息服务正呈现出多元化、个性化、互动化的特点。数字化资源的提供、个性化推荐技术的应用、信息素养教育的开展以及与其他领域的合作，都在推动图书馆更好地适应数字化环境，为用户提供更丰富、便捷、可靠的信息服务。然而，挑战也与机遇共存，图书馆需要不断创新、持续学习，不断提升自身的服务水平，以满足用户在信息时代不断变化的需求。

第九章 公共图书馆新媒体服务质量评价研究

公共图书馆新媒体服务质量评价研究在数字化时代的背景下具有重要意义。随着新媒体技术的迅速发展，公共图书馆正积极探索如何充分利用新媒体平台，提供更优质、个性化的信息服务。这一研究关注图书馆在新媒体环境下的服务质量，旨在提升用户体验，推动图书馆信息服务的创新和发展。

公共图书馆作为知识传播和学术研究的重要场所，借助新媒体平台拓展了服务范围。新媒体使得图书馆能够更广泛地与用户互动，实现信息的多元传播。图书馆通过社交媒体、移动应用等渠道发布图书馆资源、活动信息，与用户建立更紧密的联系，提升了信息传播的效率和覆盖面。因此，研究如何评价公共图书馆在新媒体时代的服务质量，对于优化用户体验、提升信息服务价值具有重要作用。

在进行公共图书馆新媒体服务质量评价时，需综合考虑多个因素。首先，用户满意度是评价的关键指标之一。通过调查问卷、用户反馈等方式，了解用户对图书馆新媒体服务的满意程度，以及是否满足了他们的信息需求。其次，服务的多样性和个性化也应纳入评价体系。公共图书馆可以根据不同用户群体的需求，定制化地提供信息资源和服务，从而提升用户体验的个性化程度。

另一个重要的评价维度是信息准确性和可靠性。在新媒体环境下，信息的真实性至关重要。公共图书馆需要确保所提供的信息来源可靠，通过权威性的资源、数据支持信息的可信度，从而保障用户从图书馆获得的信息具有高度的价值。此外，新媒体的互动性也应被考虑。图书馆与用户之间的交流互动，包括问题解答、在线讨论等，能够促进用户参与和知识共享，增强信息服务的活跃性。

为确保公共图书馆新媒体服务质量评价的科学性和客观性，研究方法至关重要。定量方法如用户满意度调查、数据分析可以提供量化的结果，帮助图书馆了解用户的需求和感受。定性方法如焦点小组讨论、深度访谈则能深入挖掘用户对服务的看法和期望。这些方法的综合应用可以为评价提供全面、多角度的信息，为图书馆提供改进服务的具体建议。

总之，公共图书馆新媒体服务质量评价研究旨在借助新媒体技术，提升信息服务的效能和用户体验。通过评价用户满意度、个性化服务、信息可靠性、互动性等多个维度，可以更全面地了解图书馆在新媒体时代的服务质量。这将有助于图书馆不断优化信息服务策略，更好地满足用户的需求，推动图书馆信息服务的创新和可持续发展。

第一节　图书馆服务评价概述

图书馆服务评价是指对图书馆提供的各类服务进行系统性、客观性的评估和分析，旨在了解服务质量、效果以及用户满意度，以便不断改进和优化服务。在现代社会中，图书馆不仅仅是信息的仓库，更是知识传播、学术支持和文化交流的重要平台。因此，图书馆服务评价对于确保信息服务的质量、有效性和用户满意度至关重要。

一、用户导向和需求满足

图书馆的服务应当以用户为中心，因此，评价图书馆服务的质量和效果必须从用户的角度出发。了解用户的信息需求、学术研究目标、使用习惯等，可以帮助图书馆针对性地提供资源和服务，提高用户满意度。服务评价通过用户反馈、调查问卷等方式，能够帮助图书馆了解用户的期望，从而优化服务策略，更好地满足用户的需求。

当谈及图书馆服务评价，用户导向和需求满足是其中的核心理念。图书馆不再仅仅是储存和提供信息资源的场所，它已经转变为信息服务和知识传播的中心。在这个转变中，将用户置于服务的核心位置，了解他们的需求、期望和满意度，变得至关重要。

首先，用户导向的图书馆服务评价意味着以用户的需求为基准来设计、提供和优化服务。现代社会信息爆炸，用户的信息需求变得多样且个性化。一个成功的图书馆不仅要满足用户的基本需求，还要能够适应不断变化的需求。这就需要从用户的角度思考，深入了解用户的学术、研究和生活背景，以便提供更为准确、有针对性的服务。

其次,需求满足是评价图书馆服务质量的重要标准之一。用户的需求满足不仅仅是服务的目标,更是图书馆存在的意义。用户满意度直接影响用户的再次使用意愿和口碑传播,因此,图书馆需要积极采取措施来满足用户的期望。通过持续的用户反馈调查、建立沟通渠道,图书馆能够及时了解用户的满意度,发现问题并加以解决,从而提高服务质量。

在这个过程中,用户参与是至关重要的。用户参与可以促使图书馆更好地理解他们的需求,从而调整服务策略。例如,通过组织用户座谈会、焦点小组讨论等形式,图书馆可以深入了解用户的期望、困惑以及改进建议。这种用户参与不仅帮助图书馆改善现有服务,还有助于推动创新,开发新的服务模式,以满足用户日益多样化的需求。

此外,用户导向也包括用户体验的提升。图书馆不仅要提供信息资源,还要关注用户在使用过程中的体验。用户体验不仅涉及到信息检索的便捷性,还包括图书馆环境的舒适性、服务人员的态度等。通过改进图书馆的布局设计、优化网站界面、提供友好的服务流程,可以为用户创造更好的体验,增强用户对图书馆的好感和忠诚度。

最后,用户导向的图书馆服务评价还需要与图书馆的使命和目标相匹配。图书馆作为知识传播和学术支持的中心,其服务应当紧密围绕着学术研究、教学和文化交流。通过了解学术界、教育界的发展趋势和需求,图书馆可以调整自身的服务策略,为用户提供更有针对性的支持,进一步提升服务价值。

综上所述,用户导向和需求满足在图书馆服务评价中具有重要地位。这一理念不仅关乎用户满意度,更关涉到图书馆在数字化时代的发展方向和使命履行。通过深入了解用户的需求,优化服务流程,提升用户体验,图书馆能够更好地适应现代社会的变化,为用户提供更有价值的信息服务。

二、服务质量的提升

图书馆服务评价不仅关注用户满意度,还涉及服务质量的评估。通过评价服务的准确性、时效性、可靠性等指标,图书馆可以发现存在的问题并加以改进。评价结果反映了服务中的优势和薄弱环节,从而为图书馆制定改进计划提供指导。

服务质量的提升是图书馆服务评价中的一个核心议题,它涵盖了服务的多个方面,包括服务内容、效率、准确性以及用户体验等。图书馆作为知识传播和学术研究的重要场所,其服务质量的提升对于满足用户需求、提高用户满意度至关重要。

首先,服务质量的提升需要从服务内容和资源的角度出发。图书馆作为信息资源的提供者,需要确保所提供的资源丰富、多样且准确。在新媒体时代,信息的更新速度加快,图书馆应当及时收集、整理、更新信息资源,以满足用户的实时需求。此外,服务质量还包括资源的数字化和在线化。图书馆应当积极推动资源的数字化转型,将实体资源数字化,建立在线数据库、电子书库等,从而提高资源的可访问性和利用效率。

其次,服务质量的提升需要关注服务的效率和时效性。现代社会强调高效率,用户期望能够迅速获得所需的信息和支持。图书馆可以通过引入自助服务设备、优化借还书流程等方式,提高服务效率。此外,图书馆还可以通过在线预约、预定等功能,为用户提供更加便捷的服务,降低用户等待的时间成本。

准确性也是服务质量的重要方面。图书馆提供的信息资源应当准确可靠,以保障用户获取到真实、有价值的信息。信息的准确性涉及到资源的筛选、整理以及数据的核实等多个环节。图书馆需要建立严格的信息筛选机制,确保所提供的资源经过专业审核和验证,具有较高的可信度。

用户体验是评价服务质量的重要指标之一。图书馆在提供服务时,需要关注用户的感受和需求,努力创造积极的用户体验。这包括服务的友好性、界面的易用性、服务人员的专业性等。图书馆可以通过培训服务人员,提升其专业知识和服务技能,使其能够更好地满足用户的需求。此外,图书馆还可以通过用户反馈、调查问卷等方式,了解用户的意见和建议,从而不断优化服务,提高用户满意度。

最后,服务质量的提升需要借助信息技术和数据分析等手段。现代图书馆可以利用自动化系统和数字化平台,实现信息的快速检索、资源的智能推荐等功能,从而提高服务的效率和精准度。同时,数据分析可以帮助图书馆了解用户的使用行为、喜好和需求,为图书馆提供科学依据,优化资源配置和服务策略。

综上所述,服务质量的提升是图书馆服务评价中的一个重要议题,它关系到服务内容、效率、准确性以及用户体验等多个方面。通过优化资源的提供、提高服务效率、保障信息的准确性以及关注用户体验,图书馆可以不断提升服务质量,更好地满足用户需求,实现信息传播和学术支持的使命。通过借助信息技术和数据分析等手段,图书馆能够更有针对性地进行改进和优化,为用户提供更高质量、更便捷、更个性化的服务。

三、信息资源的管理与优化

图书馆的核心功能之一是提供丰富的信息资源。服务评价可以帮助图书馆了解用户对不同类型资源的需求，从而进行资源的合理采购和管理。通过分析用户的检索行为、借阅情况，图书馆可以调整资源的配比，使其更符合用户的学术和文化需求。

信息资源的管理与优化是图书馆服务评价中的一个重要方面，它涉及到如何有效地获取、组织、提供和更新图书馆的各类信息资源，以满足用户的信息需求。在信息爆炸和数字化时代，信息资源的管理与优化变得尤为关键。以下将详细分析信息资源管理与优化的几个关键方面。

首先，图书馆需要精准地了解用户的信息需求。通过分析用户的学术研究方向、兴趣领域和检索行为，图书馆可以更好地了解用户的信息需求，从而有针对性地采购和订购信息资源。比如，某高校的工程学院用户可能更需要工程类期刊和专业数据库，而艺术学院的用户可能对艺术类图书和影像资源更感兴趣。

其次，信息资源的多样性和平衡性也是管理与优化的关键考量。图书馆需要综合考虑不同学科领域的需求，确保信息资源的覆盖面和平衡性。这意味着在采购信息资源时，需要兼顾自然科学、社会科学、人文艺术等不同领域的资源，以满足不同用户群体的需求。

此外，信息资源的数字化和电子化也是优化的一个方向。数字化资源具有存储便捷、传播高效等优势，能够更好地满足用户的实时信息获取需求。图书馆可以将纸质图书、期刊、报纸等进行数字化处理，建立数字资源库，使用户可以随时在线访问所需信息。

信息资源的优化还需要考虑资源的利用率。通过分析用户对不同资源的使用频次、借阅率等数据，图书馆可以判断哪些资源受欢迎，哪些资源使用较少，从而进行资源的调整和优化。被频繁使用的资源可以考虑增加订购数量，而使用较少的资源可以进行削减或替代。

信息资源的更新和维护也是管理与优化的重要环节。图书馆需要确保信息资源的及时更新，删除过时的资源，添加新的资源。这可以通过定期的资源审查和用户反馈机制来实现，保持信息资源的新鲜和有效。

最后，图书馆可以通过推广数据库和电子资源的使用，提高用户对数字化资源的认知和利用。举办培训、工作坊、宣传活动等可以帮助用户更好地利用图书馆提供的数字资源，充分发挥其学术和研究的潜力。

综上所述，信息资源的管理与优化在图书馆服务评价中具有重要地位。通过了解用户需求、多样化采购、数字化转型、资源利用分析、更新维护等措施，图书馆可以更好地管理和优化其信息资源，提供更贴近用户需求的优质服务。这将有助于提升图书馆的学术影响力，增强用户对图书馆的信任感和满意度，为知识传播和学术研究提供有力支持。

四、决策支持和资源分配

图书馆服务评价为图书馆决策提供了数据支持。评价结果可以帮助图书馆明确优先发展领域，合理分配资源。例如，如果评价表明某类资源使用较少，图书馆可以考虑是否削减相关资源的采购，将资源用于更有需求的领域，从而提高资源利用率。

第四条关于决策支持和资源分配的重要性在图书馆服务评价中显得尤为突出。决策支持和资源分配是图书馆有效运营的关键，而服务评价则为这些决策和分配提供了数据支持和指导。在图书馆的运营过程中，不断优化决策和资源分配，使得服务更加符合用户需求和社会期待，是图书馆不断发展的基石。

决策支持是指图书馆在制定各项政策、计划和战略时所需要的信息和数据支持。评价结果可以为图书馆提供客观、科学的依据，帮助图书馆管理者更好地了解用户的需求、习惯和偏好。通过对用户反馈、调查问卷、资源使用情况的分析，图书馆能够确定哪些领域的服务得到用户认可，哪些方面需要改进，从而调整决策方向，优化服务策略。比如，如果评价发现某个特定领域的服务受到用户欢迎，图书馆可以进一步加大投入，提供更多的资源和支持，以满足用户的需求。而对于未受欢迎的服务，图书馆则可以考虑是否进行调整或者削减。

资源分配是图书馆运营中不可或缺的一部分，它涉及到人力、财力和物力等方面。图书馆的资源总是有限的，如何合理分配资源，以最大化服务效益，是一个复杂的问题。服务评价可以为资源分配提供指导，帮助图书馆管理者更加精准地了解资源的利用情况。通过分析用户的需求和使用情况，图书馆可以知道哪些资源得到了广泛的应用，哪些资源的使用率较低。在这个基础上，图书馆可以进行资源的重新配置和优化。例如，如果某一类资源的使用率较低，图书馆可以考虑是否减少相关资源的采购，将资源用于更有需求的领域，从而提高资源利用率，节约资源开支。

决策支持和资源分配之间存在着紧密的联系。评价结果为决策提供了基础，而决策则会影响资源的分配。图书馆管理者根据评价数据制定决策，决定资源分配的优先级，从而实现资源的最优配置。决策支持和资源分配的有机结合，使得图书馆能够更好地响应用户需求，提供更优质的服务。

此外，决策支持和资源分配的优化还有助于提升图书馆的效率和可持续性。有效的决策和合理的资源分配，使得图书馆能够更好地利用有限的资源，提高服务质量，增加用户满意度，从而吸引更多用户的关注和参与，进一步推动图书馆的可持续发展。

综上所述，决策支持和资源分配在图书馆服务评价中扮演着重要角色。通过评价结果为决策提供数据支持，优化决策方向；同时，通过分析用户需求和资源利用情况，优化资源分配，使得服务更加符合用户期望，提高资源利用率和服务效益。决策支持和资源分配的相互影响，推动了图书馆服务的不断改进和创新，为图书馆在信息时代持续发展奠定了坚实基础。

五、提升图书馆声誉和社会影响力

优质的图书馆服务评价不仅能够吸引更多的用户，还有助于提升图书馆的声誉和社会影响力。用户满意度的提高和积极的评价结果能够加强图书馆在社会中的形象，吸引更多的捐赠、赞助和合作机会，为图书馆的可持续发展提供支持。

第五条论点关于通过图书馆服务评价来提升图书馆声誉和社会影响力，是图书馆管理和发展中至关重要的一部分。在现代社会中，图书馆不仅仅是知识的仓库，更是学术交流、文化传承和社会服务的重要场所，因此，其声誉和社会影响力的提升对于图书馆的可持续发展具有重要意义。

首先，通过图书馆服务评价，可以直接反映出用户的满意度和服务体验。用户的积极评价和高满意度不仅是对图书馆服务质量的肯定，也是对图书馆声誉的提升。一个受欢迎、受尊敬的图书馆必然能够吸引更多的用户，增加他们的使用频率和粘性，从而进一步提升图书馆的社会影响力。

其次，通过服务评价，图书馆能够更好地了解用户需求，并进行有针对性的改进。不断优化和创新的服务能够满足不同用户群体的需求，增强用户的信任感和满意度。例如，如果用户在评价中提到需要更多的数字化资源，图书馆可以增加电子书、在线期刊等数字化资源的购买，满足用户的期望，从而在用户心中树立良好的声誉。

同时，积极参与社会活动和项目，也是提升图书馆社会影响力的重要手段。通过与学校、社区合作，举办公益讲座、展览、读书会等活动，图书馆能够扩大其影响范围，将其视野拓展到更广阔的社会层面。这不仅能够吸引更多的用户，还能够在社会上树立图书馆的权威地位和社会形象。

　　另一个关键因素是积极回应用户反馈，建立沟通机制。用户的意见和建议是图书馆改进的重要依据。通过及时回应用户的反馈，解决他们的问题，不仅能够提升用户满意度，还能够传达出图书馆关注用户需求、积极改进的形象，从而增强社会对图书馆的信任和尊重。

　　最后，透明度和社会参与也是提升图书馆声誉和社会影响力的关键因素。图书馆可以公开发布服务评价的结果和改进措施，向社会展示其努力和进步。同时，积极参与社会问题讨论，发表专业意见，让图书馆成为社会智库的角色，也能够为图书馆在社会中树立更高的声誉。

　　通过图书馆服务评价来提升图书馆声誉和社会影响力是一个全方位、多层次的过程。积极的用户评价、优质的服务、参与社会活动、透明的沟通和社会参与等因素共同构成了图书馆在社会中的形象。通过不断地改进和创新，图书馆能够不断提升其在社会中的知名度、影响力和可信度，从而为图书馆的可持续发展提供坚实的基础。

　　图书馆服务评价对于提升服务质量、满足用户需求、资源管理和决策支持都具有重要作用。通过科学的评价方法和数据分析，图书馆能够更好地了解自身的强项和改进的空间，实现信息服务的不断创新和优化，从而更好地履行其在知识传播和文化传承方面的使命。

第二节　公共图书馆新媒体服务质量影响因素分析

　　公共图书馆在新媒体时代提供的服务质量受到多方面因素的影响，这些因素可以影响用户对图书馆新媒体服务的满意度和体验。以下是五个影响公共图书馆新媒体服务质量的重要因素的论点：

一、技术基础与平台稳定性

　　技术基础和平台稳定性是影响新媒体服务质量的核心因素。公共图书馆所采用的技术平台和设备，以及网络的稳定性直接影响用户的访问体验。如果技术设施不够先进，或者平台出现频繁的故障，用户可能会受到访问限制、加载缓慢等问题，从而降低对服务的满意度。

在公共图书馆新媒体服务质量影响因素中，技术基础与平台稳定性是至关重要的因素之一。随着数字化时代的来临，图书馆将信息服务延伸至在线和数字化领域，技术基础和平台稳定性成为影响服务质量的基础保障。这一因素涉及到图书馆的信息技术设施、网络基础设施以及平台的运行稳定性，对用户访问体验和服务满意度产生深远影响。

首先，技术基础决定了图书馆新媒体服务的可行性和效果。图书馆需要拥有先进的信息技术设备和软件系统，以支持数字化资源的存储、管理和传播。这些技术基础包括服务器、存储设备、数据库管理系统、搜索引擎等，它们直接影响到用户在平台上检索、浏览和下载资源的速度和效果。如果技术基础不足或过时，可能导致平台响应缓慢、资源加载困难等问题，降低用户的访问体验。

其次，平台稳定性是用户满意度的关键因素之一。公共图书馆新媒体平台需要 24/7 持续稳定运行，以确保用户随时随地能够访问所需信息。如果平台经常出现崩溃、访问受限或加载失败等问题，用户可能会受到很大的困扰，甚至可能放弃使用该平台，从而影响到对图书馆的整体印象。因此，维护平台的稳定性对于提升用户满意度和服务质量至关重要。

另一个关键点是平台的易用性和界面设计。技术基础和平台稳定性可以通过友好的界面设计和用户体验来体现。公共图书馆的新媒体平台应当具有直观、简洁的界面，使用户能够轻松地进行资源检索、浏览和下载。如果界面设计复杂、操作烦琐，用户可能会感到困惑和不满，从而影响他们对服务的评价。

此外，信息安全也是技术基础与平台稳定性的一个重要方面。用户在新媒体平台上进行信息检索和交流，可能涉及到个人隐私和敏感信息。公共图书馆需要采取一系列措施，保障用户信息的安全性和保密性，防止信息泄露和不当使用。信息安全问题的处理能力也会影响到用户对平台的信任和使用意愿。

最后，技术基础与平台稳定性的投入和更新也需要考虑。随着技术的不断发展，公共图书馆需要持续投入，保持技术设施的更新和升级，以适应新的需求和挑战。如果长期忽视技术基础的维护和更新，可能导致设施老化、性能下降，影响到服务质量。

综上所述，技术基础与平台稳定性是影响公共图书馆新媒体服务质量的重要因素之一。它们直接影响用户的访问体验、资源利用效果和满意度。图书馆需要确保技术设施的先进性、平台的稳定性，同时注重界面设计和信息安全，以满足用户的需求，提升新媒体服务的质量和影响力。

二、资源丰富度与多样性

提供丰富多样的数字化资源对于公共图书馆新媒体服务的质量至关重要。资源包括电子书、期刊、数据库、在线视频等。如果资源种类不足或者不满足多样化的需求，用户可能会感到信息匮乏，影响到对图书馆服务的评价。

资源丰富度与多样性是影响公共图书馆新媒体服务质量的重要因素之一。在新媒体时代，公共图书馆作为知识传播的中心，其数字化资源的种类、数量和质量直接关系到用户对服务的满意度和体验。资源丰富度与多样性不仅涉及到数字化资源的丰富程度，还包括资源的类型、领域覆盖以及与用户需求的匹配程度。因此，公共图书馆需要在资源采购、分类整理和信息服务等方面持续努力，以提供丰富多样、与用户需求契合的新媒体服务。

首先，资源丰富度是指公共图书馆所提供的数字化资源的数量和种类。这包括电子书、期刊、学位论文、音频视频等各种类型的资源。资源丰富度体现在图书馆是否能够满足用户在不同学科领域、不同层次上的信息需求。如果公共图书馆能够提供大量的、涵盖广泛的数字资源，用户在查找学术文献、开展研究等方面会更加便利，从而提高了用户对服务的满意度。

其次，资源多样性涉及到数字资源的类型和形式。公共图书馆应当提供不同类型的资源，包括文本、图像、音频、视频等，以满足用户在不同学科领域、不同研究任务下的需求。例如，对于人文社科研究者来说，图书馆提供丰富的文献数据库和学术期刊资源非常重要；而对于艺术创作者来说，图书馆提供音频、视频等多媒体资源能够更好地支持其创作。

此外，资源的领域覆盖也是影响因素之一。公共图书馆应当在不同学科领域提供平衡的资源，涵盖人文、社会科学、自然科学、工程技术等多个领域。这样能够满足不同学科研究和学习的需求，使得图书馆成为跨学科交流和合作的平台，进一步提升了图书馆在学术中的重要性。

另一个关键点是资源的质量。公共图书馆提供的数字资源应当具有高质量、可信度，以支持用户开展学术研究和学习。资源的质量涉及到来源的权威性、信息的准确性等方面。图书馆需要与知名的学术出版机构、数据库供应商合作，确保所提供的资源具有学术价值和可靠性。

最后，资源与用户需求的匹配程度是影响因素之一。公共图书馆需要了解用户的学术和研究需求，以便更好地选择和购买适合的数字资源。个性化的资源推荐系统也能够根据用户的兴趣和搜索历史，向用户推荐相关的资源，提高用户的满意度和服务体验。

综上所述，资源丰富度与多样性是公共图书馆新媒体服务质量的重要影响因素之一。通过提供丰富多样、高质量、与用户需求匹配的数字资源，公共图书馆能够满足用户的信息需求，提升用户的满意度和体验，进而增强图书馆的社会影响力和声誉。

三、个性化和定制化服务

新媒体时代，用户对于信息服务的个性化需求越来越强烈。公共图书馆是否能够根据用户的兴趣、学科领域等提供个性化推荐，以及是否能够满足不同用户群体的需求，都会直接影响用户的满意度。

在公共图书馆新媒体服务中，个性化和定制化服务是关键因素之一，对于提升服务质量和满足用户需求具有重要意义。随着信息技术的快速发展和用户需求的多样化，传统的通用性服务已经不再能够完全满足用户的期望。因此，公共图书馆积极探索如何通过个性化和定制化服务，为每位用户量身定制信息资源，提供更贴近用户需求的服务体验。

个性化和定制化服务的核心理念在于将用户视为信息服务的中心，从而更好地满足其独特的信息需求和学术目标。首先，个性化服务涉及根据用户的兴趣、学科领域、搜索历史等数据，为用户推荐与其兴趣相关的信息资源。这种推荐不仅提高了用户获取所需信息的效率，还减少了用户在大量信息中寻找合适资源的时间和精力，从而提升了用户体验。

其次，定制化服务更进一步，旨在根据不同用户的具体需求，提供个性化的服务解决方案。例如，公共图书馆可以根据用户的研究领域，定制化搜索策略，帮助用户更快速地获取相关文献和资源。对于学术研究者，图书馆可以定制化提供文献传递、期刊订阅等服务，满足其学术出版需求。

个性化和定制化服务的实现需要借助现代信息技术，特别是大数据分析和人工智能等技术手段。通过分析用户的搜索行为、阅读记录、评价偏好等数据，图书馆可以了解用户的偏好和需求，进而为他们提供更精准的服务。这种技术的应用使得图书馆能够更好地了解用户的兴趣，为其推荐相关的图书、期刊、数据库等资源。

然而，实现个性化和定制化服务并非没有挑战。首先，隐私问题是一个需要关注的方面。个性化服务需要收集用户的个人信息和使用记录，因此，图书馆需要确保用户的隐私得到保护，同时合法合规地使用用户数据。此外，技术的应用也需要足够的精确性，以确保推荐和定制化服务的准确度，避免因为数据分析不准确而导致用户体验的下降。

在实践中，公共图书馆可以采取一系列措施来实现个性化和定制化服务。首先，建立完善的用户信息管理系统，收集和管理用户的个人信息和使用记录。其次，开发相应的推荐系统和搜索引擎，能够根据用户的信息需求，为其提供合适的资源。此外，图书馆可以通过培训和教育活动，引导用户更好地利用个性化和定制化服务，提升其信息素养。

综上所述，公共图书馆个性化和定制化服务是满足用户需求、提升服务质量的重要手段。通过科技的支持和用户数据的分析，图书馆能够更好地了解用户的兴趣和需求，为其提供量身定制的信息资源和服务。然而，这需要平衡用户隐私保护、技术应用精确性等多个因素，确保个性化和定制化服务的可行性和有效性，进一步提升公共图书馆的服务质量和影响力。

四、互动性与社交媒体互动

用户期望在新媒体平台上能够与图书馆互动。社交媒体平台成为图书馆与用户互动的重要渠道，用户希望能够在社交媒体上提问、反馈意见，得到及时的回应。如果图书馆能够积极参与互动，回应用户关切，用户对服务的满意度会得到提高。

在新媒体时代，用户期望能够与图书馆进行更紧密、双向的互动，而社交媒体平台则为实现这一目标提供了有力的渠道。互动性和社交媒体互动的优化不仅增强了用户的参与感，也为图书馆提供了更好的了解用户需求、改进服务的机会。

社交媒体互动使公共图书馆得以跨足实体空间，与用户建立更加紧密的联系。通过在社交媒体平台上发布图书馆资源、活动信息，回答用户提出的问题，图书馆与用户之间的交流不再受到地域和时间的限制。这种互动能够弥补实体图书馆开放时间的限制，为用户提供全天候的服务，增强用户对图书馆的依赖性。

同时，社交媒体互动也为公共图书馆建立了开放的沟通渠道。用户在社交媒体上可以随时提出问题、提供反馈，而图书馆也能够及时回应。这种实时互动增强了用户的参与感，让用户感受到自己的声音被重视，从而建立起更为积极的用户体验。

互动性的提升还能够激发用户的学习兴趣和主动性。通过在社交媒体上分享有关学术、文化、科研等方面的信息，图书馆能够引导用户更深入地了解和探索知识领域。同时，图书馆也可以在社交媒体上组织线上讨论、读书会等活动，激发用户的学术兴趣，提升用户对知识的渴望。

值得注意的是，社交媒体互动需要积极有效的管理。图书馆需要设立专门的团队或人员，负责监测社交媒体平台上的用户互动，及时回应用户提问，解决用户问题。及时、真诚的回应能够传递出图书馆对用户的关心和关注，建立起良好的用户关系。

另一方面，社交媒体互动也需要注意信息质量和准确性。图书馆在社交媒体上发布的信息应当真实可靠，避免虚假信息误导用户。同时，对于用户提出的问题，图书馆的回答应当准确清晰，帮助用户解决问题，增强用户对图书馆的信任感。

总之，公共图书馆新媒体服务的互动性与社交媒体互动对于提升服务质量和用户满意度具有重要作用。通过社交媒体平台，图书馆能够实现全天候的服务，建立紧密的联系，增强用户的参与感和主动性。然而，互动性的提升需要合理的管理和真实可靠的信息，才能够为图书馆和用户双方创造更加积极的互动环境，促进信息传播和学术交流的发展。

五、用户培训与信息素养

用户的信息素养和使用能力也会影响他们对图书馆新媒体服务的体验。公共图书馆是否提供相关的培训，教导用户如何使用新媒体平台、进行信息搜索和评估，直接关系到用户是否能够充分发挥图书馆新媒体服务的潜力，从而影响用户对服务质量的评价。

在公共图书馆新媒体服务质量的影响因素中，用户培训与信息素养起着关键作用。随着数字化时代的来临，用户的信息素养成为使用图书馆新媒体服务的基础，而图书馆的用户培训则可以提升用户的信息素养水平，进一步优化用户体验。

信息素养是指个体在信息环境中获取、评估、利用信息的能力，包括信息搜索、筛选、评估、整理和利用等方面的技能。在新媒体时代，信息涌现迅猛，用户面临着海量的信息，因此拥有良好的信息素养变得尤为重要。公共图书馆作为信息资源的提供者,扮演着培养用户信息素养的角色。通过举办信息素养培训、数字资源使用指导等活动,图书馆帮助用户掌握信息获取和利用的技能,使他们能够更加有效地筛选和应用信息,提高信息素养水平。

用户培训在提升图书馆新媒体服务质量方面具有深远影响。首先,用户培训可以缩小用户信息素养的差距。不同用户在信息素养方面存在差异,一些用户可能并不熟悉新媒体平台的使用方法,或者不知道如何评估信息的可靠性。通过培训,图书馆可以帮助用户克服这些问题,提升他们在数字化环境下的信息获取和利用能力,从而更好地享受图书馆的新媒体服务。

其次,用户培训有助于改善用户体验。新媒体服务的质量不仅仅取决于技术和资源,还与用户使用这些服务的能力密切相关。如果用户不清楚如何有效地搜索所需信息,或者无法评估信息的真实性,就很难获得满意的服务体验。通过培训,图书馆可以帮助用户更好地利用新媒体平台,提高他们的使用效率,增强用户体验的质量。

此外,用户培训也能够增强用户对图书馆的依赖性和忠诚度。当用户通过培训学习到在新媒体环境下获取信息的技能后,他们更有可能将图书馆作为主要信息来源。培训不仅仅是技术指导,更是在用户心中树立图书馆的权威形象,使他们愿意将自己的信息需求和学术研究与图书馆连接起来。

然而,用户培训也面临一些挑战。首先,培训的有效性需要考虑。培训课程的内容和方式是否与用户的需求相匹配,是否能够在短时间内提升他们的信息素养,这都需要图书馆精心设计和策划。此外,培训的持续性也需要关注。信息技术不断更新,用户的培训需求也在不断变化,图书馆需要及时调整培训内容,保持与时俱进。

综上所述,用户培训与信息素养是影响公共图书馆新媒体服务质量的关键因素之一。通过培训,图书馆可以提高用户的信息获取和利用技能,增强他们的信息素养,从而优化用户体验,提升用户对图书馆的满意度和忠诚度。

公共图书馆新媒体服务质量受到技术基础、资源质量、个性化服务、互动性和用户培训等多个因素的影响。图书馆需要综合考虑这些因素,从技术更新到资源丰富,从用户需求到社交互动,全方位提升新媒体服务的质量。只有在这些因素的共同作用下,公共图书馆才能够在新媒体时代为用户提供更优质、便捷的信息服务,不断满足用户的需求,提升图书馆的社会影响力和声誉。

第三节　公共图书馆新媒体服务总结与展望

　　公共图书馆新媒体服务在数字化时代中的发展和应用，为用户提供了更加便捷、个性化的信息服务体验，也带来了一系列挑战和机遇。在总结与展望这个话题下，我们可以看到图书馆在新媒体时代的努力和取得的成果，同时也需要思考未来的发展方向和应对策略。

　　公共图书馆在新媒体时代的发展总结如下：首先，借助新媒体平台，图书馆成功扩大了信息服务的覆盖范围。不再受限于地理位置，用户可以随时随地访问图书馆资源，满足自己的学术和知识需求。其次，个性化服务逐渐成为图书馆新媒体服务的亮点。通过分析用户数据和行为，图书馆能够为不同用户提供量身定制的推荐和服务，增强用户满意度。此外，社交媒体的兴起也为图书馆打开了与用户互动的新途径，加强了与用户之间的连接和沟通。用户培训和信息素养提升也让用户更好地利用新媒体资源，从而加强了图书馆在教育和学术领域的影响。

　　然而，公共图书馆在新媒体服务方面还面临一些挑战。首先，信息过载问题仍然存在。虽然新媒体带来了大量的信息，但用户如何有效获取和利用这些信息仍然是一个挑战。图书馆需要继续探索如何帮助用户更好地筛选和评估信息，以满足他们的真实需求。其次，技术更新和平台维护也是一个持续的任务。新媒体技术不断发展，图书馆需要不断升级和优化自己的技术设施，保证平台的稳定性和用户体验。另外，隐私和安全问题也需要关注，确保用户的个人信息和数据不受侵犯。

　　展望未来，公共图书馆在新媒体服务方面有着更大的发展潜力。首先，人工智能和大数据等技术的应用将使个性化服务更加精准和智能化。图书馆可以通过分析更多的用户数据，提供更个性化的资源推荐、学术导向和学习计划。其次，虚拟现实和增强现实等技术的发展，可以为图书馆创造更具沉浸感的信息体验，使用户更加深入地参与其中。此外，图书馆可以进一步加强与社会的连接，与其他机构合作举办文化活动、学术研讨会等，提升图书馆在社会中的影响力。

　　为应对未来的挑战，公共图书馆需要制定明确的发展战略。首先，持续投入技术更新和设施升级，确保新媒体平台的稳定性和高效性。其次，加强用户培训和信息素养教育，培养用户在新媒体环境下的信息获取和利用能力。同时，加强与其他机构的合作，举办更多有意义的活动，提升图书馆在社会中的影响力。

综上所述，公共图书馆在新媒体服务方面取得了一系列的成就，同时也面临着一些挑战。通过不断的努力和创新，图书馆可以更好地满足用户的需求，提升服务质量，进一步加强在学术、教育和社会领域的影响力，为数字化时代的图书馆事业注入新的活力。

小结概述

公共图书馆新媒体服务质量评价研究涵盖了图书馆服务评价概述、公共图书馆新媒体服务质量影响因素分析以及公共图书馆新媒体服务总结与展望三个关键部分。在这个研究领域中，对于公共图书馆在数字化时代提供的新媒体服务质量进行评价和分析，不仅能够更好地满足用户需求，还有助于图书馆的可持续发展和社会影响力的提升。

首先，图书馆服务评价概述强调了图书馆服务质量评价的重要性。图书馆不再仅仅是传统的信息储存场所，而是扮演了知识传播、文化交流和学术支持的角色。通过评价图书馆提供的各类服务，可以了解服务质量、效果以及用户满意度，从而改进和优化服务。

其次，公共图书馆新媒体服务质量影响因素分析深入探讨了影响新媒体服务质量的关键因素。技术基础、资源丰富度、个性化服务、互动性和用户培训与信息素养等因素共同塑造了用户对新媒体服务的体验。理解这些因素有助于图书馆制定更有针对性的策略，提升服务质量，满足用户多样化的需求。

最后，公共图书馆新媒体服务总结与展望强调了图书馆在新媒体时代的发展和挑战。通过新媒体平台，图书馆扩大了信息服务范围，提供了个性化、便捷的服务体验。然而，信息过载、技术更新、隐私安全等问题也需要关注。展望未来，图书馆可以利用人工智能、虚拟现实等技术，进一步提升个性化服务和用户体验，加强社会连接和影响力。

综合而言，公共图书馆新媒体服务质量评价研究在探索如何更好地适应数字化时代，提供优质的信息服务方面具有重要意义。通过深入评价和分析，图书馆能够不断优化自身的服务，满足用户多元化的需求，同时也在未来的发展中保持灵活性和创新性。这项研究不仅对公共图书馆自身具有指导意义，也有助于推动图书馆事业在数字化时代的全面进步。

第十章 新媒体时代图书馆服务创新研究

新媒体时代图书馆服务创新研究探索了在数字化和信息化浪潮下，如何通过新媒体技术和策略，对传统图书馆服务进行创新与提升。这项研究不仅对图书馆自身的发展有着重要意义，还在知识传播、学术支持和文化交流等领域产生了积极的社会影响。

首先，新媒体时代图书馆服务创新强调了技术驱动和用户导向的重要性。随着信息技术的飞速发展，图书馆不再是传统的文献仓库，而是数字资源的提供者和知识中心。通过新媒体平台，图书馆能够扩大信息的传播范围，提供个性化的信息服务。从社交媒体到移动应用，图书馆通过技术创新，更好地满足用户的信息需求，实现服务的定制化和个性化。

其次，新媒体时代图书馆服务创新关注了用户体验的提升。用户体验不仅仅是使用的便捷程度，更涉及到信息的质量、推荐的准确性以及互动的程度。通过分析用户行为和需求，图书馆可以优化新媒体平台的界面设计、资源推荐算法等，使用户获得更好的服务体验。用户的满意度和忠诚度也随之提升，进而推动图书馆的社会影响力和知名度。

另外，新媒体时代图书馆服务创新研究探索了社交化与互动的重要性。社交媒体平台为图书馆与用户之间建立了更为紧密的联系。图书馆可以通过发布信息、回应用户问题、举办线上活动等，加强与用户的互动，提升用户参与度和忠诚度。这种互动不仅仅是传递信息，还是建立共同体验和知识共享的过程，有助于构建更加活跃的学术和文化社区。

此外，新媒体时代图书馆服务创新研究还关注了信息素养教育的重要性。新媒体环境下，用户需要具备更高水平的信息素养，才能更好地利用图书馆提供的资源和服务。因此，图书馆不仅仅是信息的提供者，还应成为信息素养的教育者。通过开展培训、教育活动，图书馆能够提升用户的信息获取、评估和利用能力，使他们更加熟练地应对信息时代的挑战。

综上所述，新媒体时代图书馆服务创新研究在数字化浪潮下有着重要的实践价值和理论意义。通过技术驱动、用户导向、用户体验提升、社交化互动以及信息素养教育等方面的创新，图书馆能够更好地适应信息时代的需求，实现服务的优化和升级。这种创新不仅有助于图书馆自身的发展，也有助于推动知识传播、学术研究和文化交流的进步，为社会的可持续发展做出贡献。随着新媒体时代的不断演变，图书馆服务创新研究也将持续发展，为图书馆事业注入新的活力与动力。

第一节 图书馆服务理念的创新

图书馆服务理念的创新是为了更好地适应不断变化的社会环境和用户需求，提供更优质、更个性化的服务。以下是五个关于图书馆服务理念创新的论点：

一、用户中心化

传统上，图书馆以藏书为中心，而现在的创新理念是将用户置于服务的中心。图书馆应该深入了解用户的需求、偏好和学术目标，通过个性化的服务，满足不同用户群体的特定需求，从而提高用户满意度。

用户中心化是图书馆服务理念的创新方向，强调将用户置于服务的中心，全面关注用户的需求、兴趣和学术目标，以提供更个性化、贴近实际的服务体验。这一创新理念在图书馆的发展中具有重要意义，不仅能够增强用户满意度，还有助于提升图书馆的社会影响力和可持续发展。

传统的图书馆服务往往以藏书和资源为主，用户需求较少被充分考虑。然而，在信息爆炸的时代，用户的需求多种多样，从学术研究到课程辅导，从兴趣爱好到职业发展，都需要图书馆提供相应的支持和资源。用户中心化的创新理念将用户放在服务的核心位置，从而使图书馆的服务更加贴合用户的实际需求。

用户中心化的图书馆服务首先体现在个性化服务的提供上。通过分析用户的行为和兴趣，图书馆可以为不同用户提供量身定制的资源推荐和服务建议。例如，基于用户的搜索历史和阅读习惯，图书馆可以推荐相关的学术论文、电子书或期刊文章，从而提高用户获取所需信息的效率。

此外，用户中心化还强调用户参与和合作。图书馆可以通过开展用户调研、问卷调查等方式，深入了解用户的需求和意见，从而更好地制定发展策略。通过与用户合作，图书馆可以推出更具创新性和实用性的服务项目，满足用户的期望，进一步提升用户满意度。

用户中心化的服务理念还需要在技术和平台方面得到体现。图书馆可以建立用户反馈机制，鼓励用户提供意见和建议，从而不断改进服务质量。同时，图书馆的在线平台应当注重用户体验的设计，使用户能够轻松访问和利用图书馆的资源和服务。无论是图书馆网站还是移动应用，都应当根据用户的使用习惯和需求进行优化，使用户感受到便捷和高效。

然而，实施用户中心化的服务理念也面临一些挑战。首先，不同用户有着不同的需求和兴趣，如何准确把握用户的多样性是一个难题。其次，用户数据的隐私和安全问题需要得到妥善处理，以保护用户的个人信息不受侵犯。此外，用户中心化可能需要对图书馆的组织结构和工作流程进行调整，以确保服务能够真正以用户为中心展开。

综合而言，用户中心化是图书馆服务理念的一项重要创新。通过将用户放在服务的核心，个性化服务、用户参与和合作、技术平台的优化等方面得到加强，图书馆能够更好地满足用户的需求，提升用户满意度，从而推动图书馆在数字化时代的发展和创新。尽管面临一些挑战，但通过不断努力和创新，用户中心化的服务理念必将为图书馆事业注入新的活力和动力。

二、融合多元资源

传统图书馆主要关注纸质图书和期刊，而创新的服务理念强调融合多种资源，包括电子书、在线数据库、多媒体资料等。通过提供多元化的资源，图书馆能够更好地满足用户的多样化需求，促进跨学科研究和学术交流。

融合多元资源是图书馆服务理念创新的重要方向，旨在充分利用信息时代的机遇，满足用户不断增长的多样化需求。传统图书馆主要侧重于纸质图书和期刊的收藏与服务，然而，随着数字化和信息化的发展，知识和信息的呈现方式变得更加多元，融合多种资源成为了创新服务理念的核心。

融合多元资源的核心在于将不同类型的资源进行整合，使其在一个平台上得以统一呈现和访问。这包括但不限于纸质图书、电子书、期刊、在线数据库、音频、视频、网络课程等。通过将这些资源融合在一起，图书馆可以更好地满足用户的多样性学习、研究和娱乐需求，同时也有助于促进跨学科研究和交流。

融合多元资源的创新在于开拓了用户的信息获取渠道。用户不再受限于实体图书馆的开放时间和地点，而是可以随时随地通过网络平台访问各类资源。这种便捷性使得用户可以更灵活地进行学术研究、知识获取和信息检索，大大提高了学习效率和工作效能。

另一方面，融合多元资源也强调了资源的个性化和定制化。通过深入分析用户的兴趣、偏好和学术领域，图书馆可以为不同用户提供个性化的资源推荐和服务。例如，学术研究者可以根据自己的研究方向获取相关的学术文献和数据库，而娱乐读者则可以获得适合他们兴趣的图书和娱乐资源。

然而，实现融合多元资源并不是一项简单的任务。首先，需要解决资源的版权问题，确保在合法的范围内进行资源的整合和共享。其次，技术平台的开发和维护也需要投入大量的资源，以保障平台的稳定性和用户体验。此外，资源的分类、标注和检索也需要精心设计，以便用户能够快速准确地找到所需的信息。

总体而言，融合多元资源的创新服务理念在图书馆领域具有重要意义。它不仅能够满足用户的多样性需求，提高用户满意度，还能够促进学术研究和跨学科交流。通过充分利用数字化和信息化的机遇，图书馆可以打破传统的限制，将资源的丰富性和多样性传递给用户，进一步巩固图书馆作为知识传播和文化交流的中心地位。通过不断推进融合多元资源的实践，图书馆能够持续创新，为用户提供更有价值、更有影响力的服务。

三、强调互动与参与

创新的图书馆服务理念强调用户与图书馆之间的互动和参与。通过社交媒体、在线讨论、活动举办等方式，图书馆可以与用户建立更紧密的联系，促进信息共享、学术交流和知识合作。

强调互动与参与是图书馆服务理念创新中的重要方面。在当今数字化、互联网化的时代背景下，图书馆不再是传统意义上的静态信息储存场所，而是更加注重用户与图书馆之间的互动和参与。这种变革不仅为用户提供了更丰富、更便捷的服务体验，也深刻影响了图书馆的角色和作用。

互动与参与体现在多个层面：首先，图书馆通过社交媒体、在线讨论平台等建立了与用户的直接沟通渠道。通过这些渠道，用户可以随时随地与图书馆交流，提问问题、寻求帮助、分享意见。这种互动不仅让用户感受到更亲近、更友好的服务，也帮助图书馆更好地了解用户的需求和反馈，从而进行优化和改进。

其次，图书馆举办各类线上和线下活动，鼓励用户参与学术研讨、文化交流、读书分享等。这些活动不仅为用户提供了交流的机会，也促进了知识的传播和共享。图书馆不再只是信息的提供者，还成为了知识共享的平台，搭建了用户之间互相学习和合作的桥梁。

此外，图书馆利用互动和参与的方式，鼓励用户积极参与资源的创造和共享。例如，一些图书馆提供数字化创客空间，让用户可以借助 3D 打印、虚拟现实等技术创造自己的作品。这种方式不仅培养了用户的创造能力，也丰富了图书馆的资源内容，使其成为一个更具创意和活力的学习环境。

强调互动与参与的服务理念带来了许多积极影响。首先，它强化了用户与图书馆之间的联系，使用户感受到被重视和关心。这种互动的亲切感让用户更愿意利用图书馆的资源和服务，从而提高了图书馆的使用率和影响力。其次，互动和参与激发了用户的主动性和创造性。用户不再是被动地接收信息，而是积极参与交流、合作和创造，提升了他们的自主学习能力和创新能力。

然而，强调互动与参与也带来了一些挑战。首先，图书馆需要投入更多的人力和资源来管理和维护与用户的互动。同时，图书馆要保障互动过程的质量，确保用户能够获得及时、准确的回应和帮助。其次，图书馆需要建立有效的沟通和互动机制，使用户感受到真实的关心和支持。这需要图书馆积极倾听用户的声音，不断调整和优化自己的服务。

综合而言，强调互动与参与的服务理念是图书馆在新媒体时代创新发展的必然趋势。通过建立与用户的互动渠道、举办活动、促进知识共享等方式，图书馆可以更好地满足用户需求，提升服务质量和用户体验。虽然面临一些挑战，但图书馆在这一方向的努力将带来更为积极的效果，为图书馆事业的持续发展注入新的活力。

四、注重信息素养教育

图书馆服务不仅仅是提供资源，还应当注重培养用户的信息素养。创新的服务理念强调不仅仅是满足用户当前的信息需求，还要帮助用户提升信息获取、评估和利用能力，使他们在信息时代更加独立和自信。

在图书馆服务理念的创新中，注重信息素养教育是至关重要的方面。信息素养是指个体在信息时代中获取、评估、利用信息的能力，涉及信息搜索、筛选、评估、整理和利用等方面的技能。随着信息爆炸和数字化浪潮的到来，信息素养已经成为个体在日常生活、学术研究和职业发展中必备的技能。因此，图书馆作为信息资源的提供者，应当将信息素养教育纳入服务理念中，为用户提供更全面的支持。

信息素养教育不仅仅是向用户传授技能，更是培养用户的信息意识、批判思维和创新能力。首先，图书馆可以通过举办培训课程、工作坊和讲座，教导用户如何进行有效的信息搜索和评估。这包括了使用数据库、搜索引擎的技巧，了解信息来源的可靠性，辨别虚假信息的能力等。这些技能可以帮助用户更快、更准确地获取所需信息，提高学习和研究的效率。

其次，信息素养教育有助于用户培养自主学习和持续学习的习惯。信息时代的知识更新迅速，用户需要具备自主学习的能力，从而能够不断跟进最新的信息和研究成果。图书馆可以引导用户学习如何寻找高质量的学术资源，如何阅读和分析文献，以及如何将所学应用到实际问题中。这样的教育不仅能够帮助用户在学术领域取得成功，还能够在职业生涯中保持竞争力。

另外，信息素养教育有助于用户培养批判性思维和信息伦理观念。在信息泛滥的环境中，用户需要能够判断信息的真实性和可信度，避免被虚假信息误导。图书馆可以引导用户思考信息的来源、发布者、背景等，从而更好地判断信息的可靠性。此外，信息伦理也是信息素养的重要组成部分，用户需要了解如何合法、合规地使用他人的信息，尊重知识产权和隐私。

最后，信息素养教育还有助于提升用户在数字化时代的社会参与和公民意识。用户不仅仅是信息的接收者，还是信息的创造者和传播者。图书馆可以教育用户如何正确参与社交媒体、发布内容、传播信息，以及如何遵循社会准则和法规。这样的教育能够培养用户成为积极、负责任的数字公民，为社会的可持续发展做出贡献。

综上所述，注重信息素养教育是图书馆服务理念创新中的重要方向。通过培训、教育活动和资源指导，图书馆可以帮助用户提升信息获取和利用能力，培养自主学习和批判性思维，加强信息伦理意识和社会参与能力。这些教育努力不仅有助于用户在学术和职业领域的发展，还有助于构建更加健康、开放的信息社会。因此，信息素养教育在图书馆的服务理念中应当占据重要地位，为用户提供更多元、更有价值的支持。

五、强调社会责任和影响力

创新的图书馆服务理念将社会责任和影响力纳入服务目标。图书馆不仅仅是信息提供者，还应当在社会教育、文化传承、学术研究等方面发挥积极作用。通过开展公益活动、举办文化活动等，图书馆可以加强社会影响力，成为社区的知识中心。

强调社会责任和影响力是当代图书馆服务理念中的重要方面，它不仅仅将图书馆定位于信息资源的提供者，更将其视为社会教育、文化传承和学术研究的推动者。这一理念强调图书馆在社会中的使命和影响力，将图书馆从传统的知识储存场所转变为积极参与社会发展的中心。

图书馆作为社会教育的重要角色，应当承担起推动信息素养、文化素质和终身学习的责任。它不仅仅是知识传递的工具，更应成为培养人们综合素质的场所。通过举办讲座、培训、课程等活动，图书馆可以为社会层次的人们提供学习机会，提升他们的知识水平，培养创新思维和批判性思维能力。这种社会责任的体现，将使图书馆成为知识社会的重要支撑。

此外，图书馆在文化传承方面也有着重要的影响力。文化传承不仅是民族精神的传递，更是历史记忆的延续。图书馆通过收藏保存文化遗产、举办文化展览、策划文化活动等方式，将文化传统融入当代生活，引导人们尊重历史、珍视文化，形成多元共生的社会文化格局。

在学术研究领域，图书馆强调社会责任和影响力，可以促进学术交流和知识创新。图书馆不仅仅是资源的提供者，还是学术支持的提供者。通过提供文献检索、学术数据库、研究辅助等服务，图书馆帮助学者开展研究，促进学术交流，推动科学进步。同时，图书馆也可以组织学术研讨会、讲座等活动，促进学术界的合作与交流，扩大学术影响力。

然而，强调社会责任和影响力也面临一些挑战。首先，图书馆需要平衡不同需求之间的关系。除了服务读者，图书馆还需要关注文化传承、学术研究等多个领域，如何在有限的资源下做到全面满足，是一个挑战。其次，图书馆还需要与社会其他机构合作，形成合力。社会责任和影响力的实现需要各方的参与，图书馆需要建立多方合作的机制，共同推进社会发展。

综上所述，强调社会责任和影响力是现代图书馆服务理念的核心之一。图书馆作为知识中心和文化载体，通过承担教育使命、推动文化传承、促进学术研究等方式，积极参与社会发展，成为知识社会中不可或缺的力量。然而，实现社会责任和影响力需要不断的努力和创新，将图书馆从传统的角色中解放出来，投身到更广阔的社会使命中。

综合上述论点，图书馆服务理念的创新是为了适应信息社会的发展，更好地满足用户需求，并发挥图书馆在知识传播、文化交流和学术研究中的作用。从以用户为中心、融合多元资源、强调互动与参与、注重信息素养教育，到强调社会责任和影响力，这些创新理念使图书馆得以不断进化，与时俱进，为社会提供更多元、更具价值的服务。

第二节　基于图书馆信息咨询的服务创新

基于图书馆信息咨询的服务创新是为了更好地满足用户的信息需求，提供更深入、更个性化的服务体验。以下是四个关于基于图书馆信息咨询的服务创新的论点：

一、多渠道、多形式咨询服务

传统的图书馆咨询主要是面对面的服务，而现在的创新理念强调多渠道、多形式的咨询服务。图书馆可以通过电话、邮件、在线聊天、社交媒体等多种方式，提供实时的咨询服务，使用户在不同时间、地点都能够获取到帮助。这种多样化的咨询方式，不仅提高了用户的便捷性，还扩大了服务的覆盖范围。

多渠道、多形式的图书馆咨询服务是在数字化时代，为了更好地满足用户的信息需求和提供更便捷、多样化的服务体验而推动的一项创新。传统的图书馆咨询主要以面对面形式为主，但随着信息技术的快速发展，用户的咨询方式和习惯也在不断变化，因此，采用多渠道、多形式的咨询服务成为了当代图书馆的重要策略之一。

这种服务创新首先强调咨询的便捷性。传统的面对面咨询服务受限于时间和地点，用户需要前往图书馆才能获得帮助。而多渠道的咨询服务使用户可以通过电话、邮件、在线聊天、社交媒体等多种方式随时随地获得咨询。用户无需到图书馆现场，也可以得到即时的解答和帮助，提高了咨询的便利性和实用性。

其次，多渠道、多形式的咨询服务拓展了服务的覆盖范围。传统的面对面咨询受制于地理位置，只能服务到局限的用户群体。而通过多种咨询渠道，图书馆能够更广泛地覆盖不同地区、不同用户群体，实现信息的全球共享。无论是远程用户、外地用户还是国际用户，都可以通过多渠道的咨询服务获得图书馆的支持。

此外，多渠道、多形式的咨询服务也能够提升用户体验。现代用户习惯于在线交流和沟通，他们更喜欢使用社交媒体、移动应用等技术来获取信息和解决问题。图书馆通过多渠道咨询服务，与用户的使用习惯保持一致，降低了使用门槛，使用户更容易与图书馆建立联系，获得所需的帮助。这样的用户体验提升有助于增强用户对图书馆的认同感和忠诚度。

然而，多渠道、多形式的咨询服务也面临一些挑战。首先，技术支持和维护成本较高。图书馆需要投入人力和财力来建立和维护不同的咨询渠道，确保技术的稳定性和服务的质量。其次，咨询服务的一致性和准确性也是问题。不同的咨询渠道可能会导致信息传达的差异，图书馆需要制定统一的标准和流程，保证用户得到一致的答复。

综上所述，多渠道、多形式的图书馆咨询服务是数字化时代图书馆的一项重要创新举措。通过提供便捷性、扩大服务范围、提升用户体验等方式，图书馆能够更好地满足用户的需求，与用户建立更紧密的联系，提高服务质量和用户满意度。然而，在实施过程中，需要解决技术、一致性等方面的问题，确保创新服务的可持续性和效果。

二、个性化咨询与定制化建议

基于图书馆信息咨询的服务创新强调个性化的服务。通过分析用户的信息需求、借阅历史、学术领域等，图书馆可以为用户提供定制化的建议和推荐，帮助他们更准确地找到所需的资源和信息。这种个性化的咨询服务，能够更好地满足用户的个体差异，提升用户满意度和忠诚度。

个性化咨询与定制化建议作为图书馆信息咨询服务创新的重要方向，旨在更好地满足用户多样化的信息需求，提供针对性更强、更有价值的服务体验。这一创新理念强调了用户中心的设计，将用户的独特需求放在服务的核心，通过精准的分析和定制化的建议，为用户提供更为满意和实用的解决方案。

在传统图书馆咨询中，往往是提供一般性的信息和资源，未必能够完全满足用户的个体需求。然而，现在图书馆已经具备了技术和工具，能够更好地分析用户的信息行为和偏好，从而提供更为个性化的咨询服务。通过收集用户的借阅历史、检索记录、兴趣爱好等信息，图书馆可以了解用户的信息需求模式，为其定制化提供适合的资源和建议，使用户能够更快速、准确地获取所需信息。

基于个性化咨询与定制化建议，图书馆不再是传统的信息提供者，而是更像是用户的信息导航。举例来说，一位用户在进行研究时，通过查询数据库和检索文献，图书馆可以推荐与其研究主题高度相关的文献，甚至是与之前相关研究领域相似的资源。这样的定制化建议将使用户在研究过程中能够更加深入地探索，减少信息检索的时间和精力成本。

个性化咨询与定制化建议不仅体现在资源推荐上，还包括了研究方法、学术出版、数据分析等多个方面。例如，对于研究初期的学者，图书馆可以提供关于如何构建研究问题、如何选择适合的研究方法等方面的咨询和建议。对于需要发表论文的学者，图书馆可以为其提供关于期刊选择、引用规范等方面的指导。这种个性化的咨询和定制化的建议，使用户在学术研究的各个阶段都能够得到专业支持，提升其研究质量和效率。

然而，个性化咨询与定制化建议也面临一些挑战。首先，图书馆需要收集和分析大量的用户数据，涉及隐私和数据保护问题。因此，图书馆应当建立合适的隐私政策，保障用户信息的安全。其次，图书馆需要具备相关的技术和人员支持，以确保个性化咨询和定制化建议的质量和准确性。此外，不同用户对个人信息的保护和使用也可能存在不同的态度和期望，图书馆需要考虑如何平衡用户体验和隐私保护之间的关系。

综上所述，个性化咨询与定制化建议是图书馆信息咨询服务的一项重要创新，旨在更好地满足用户的信息需求。通过收集用户数据、分析用户行为，图书馆可以为用户提供定制化的资源推荐、学术指导、研究建议等服务，使用户在学术研究和信息获取方面得到更好的支持。

三、教育性咨询与信息素养提升

创新的服务理念还强调教育性咨询，即在回答用户问题的同时，传递信息素养和信息获取技能。图书馆不仅仅是回答问题的地方，更应当帮助用户提升信息素养，让他们能够更独立地获取和评估信息。通过培训用户如何使用数据库、进行文献检索，图书馆可以提高用户在信息时代的能力和自信。

教育性咨询与信息素养提升是基于图书馆信息咨询的服务创新中的关键要素，它突显了图书馆在咨询过程中不仅仅是问题解答者，更是信息素养的教育者。这一理念强调了图书馆在满足用户信息需求的同时，培养用户的信息获取、评估和利用能力，以适应日益复杂的信息时代。

教育性咨询将图书馆的角色从被动的信息提供者转变为积极的知识传递者。当用户提出问题时，图书馆不仅回答问题，更通过解答问题的过程，传递相关信息素养和研究技能。例如，当用户询问如何进行文献检索时，图书馆员可以不仅仅告诉用户具体的搜索技巧，还可以解释文献检索的原理，培养用户独立查找信息的能力。通过这种方式，图书馆在解决问题的同时，也在教育用户，提升他们的信息素养水平。

信息素养提升强调的是培养用户在信息时代所需的各项技能和能力。信息时代信息爆炸性增长，用户需要具备筛选信息、评估信息、利用信息的能力。图书馆通过教育性咨询，可以传授用户如何选择可信的来源、如何识别假新闻、如何进行学术研究等信息素养技能。这种教育性的咨询不仅仅是问题解答，更是知识传授和能力培养的过程。

教育性咨询与信息素养提升不仅在学术研究中有着重要作用，也在日常生活中发挥巨大影响。随着信息技术的普及，用户在日常中面临的信息选择也越来越多样和庞杂。图书馆的教育性咨询可以帮助用户辨别信息的真伪，帮助他们更好地利用信息，提高生活质量。例如，在健康领域，图书馆可以教育用户如何评估医疗信息的可靠性，从而避免错误的健康决策。

然而，实现教育性咨询与信息素养提升也存在一些挑战。首先，图书馆员工需要具备丰富的信息素养和培训技能，能够传递准确的信息和技能。其次，由于用户需求的多样性，教育性咨询需要灵活的方法和资源支持。此外，用户在不同领域的知识差异也需要图书馆在咨询过程中考虑如何进行适当的知识传递。

综上所述，教育性咨询与信息素养提升是图书馆信息咨询服务创新的重要方向。通过在问题解答的过程中传递信息素养和研究技能，图书馆不仅仅是解决问题，更是为用户提供了终身学习的机会。通过培养用户在信息获取、评估和利用方面的能力，图书馆在信息时代中发挥着教育的作用，提升用户的综合素质，让他们更好地应对信息社会的挑战。

四、跨界合作与跨学科咨询

基于图书馆信息咨询的服务创新还鼓励跨界合作和跨学科咨询。在现实问题和复杂情境中，用户往往需要跨学科的知识和专业建议。图书馆可以与其他部门、学院合作，提供跨学科咨询，将不同领域的专业知识融合到服务中，帮助用户更好地解决问题。

跨界合作与跨学科咨询是图书馆信息咨询服务创新中的重要策略，旨在为用户提供更全面、多元化的信息支持和解决方案。这一创新理念的核心是将不同领域的专业知识和资源融合，以更好地满足用户的复杂问题和多元需求。

随着社会的不断发展和知识的不断拓展，许多问题已不再仅属于某一学科范畴,而是涉及多个领域的交叉。在这种背景下,图书馆作为知识中心,具有促进跨界合作和提供跨学科咨询的独特优势。通过与其他部门、学院以及专业机构合作,图书馆能够为用户提供更丰富、更专业的信息资源和解决方案,从而推动知识的整合和创新。

跨界合作不仅丰富了图书馆的信息资源,还促进了资源的共享和利用。例如,与科研机构合作,图书馆可以获取最新的学术研究成果和数据,为用户提供前沿的学术信息。与艺术、文化机构合作,图书馆可以引入文化活动、展览等元素,为用户提供更多样化的体验。这种合作不仅满足了用户多元化的需求,也有助于推动不同领域之间的交流与合作。

同时,跨学科咨询强调了专业知识的整合和综合运用。图书馆不再仅仅提供特定领域的咨询,而是通过融合不同学科的知识,为用户提供更全面、更综合的解决方案。例如,在解答一个跨学科问题时,图书馆可以汇集文献检索专家、数据分析专家、学科专家等,形成一个跨学科的团队,为用户提供更具深度和广度的咨询服务。这种整合不仅提升了咨询服务的质量,也增强了图书馆的学术影响力和社会影响力。

然而,跨界合作与跨学科咨询也面临一些挑战。首先,不同领域的专业知识和术语可能存在沟通障碍,需要建立共同的语言和理解。其次,合作需要协调各方的利益和资源,确保合作的平衡和公平。此外,跨界合作和跨学科咨询也需要图书馆拥有一定的组织和协调能力,确保各种资源能够顺利整合和利用。

跨界合作与跨学科咨询是图书馆信息咨询服务创新的重要方向。通过与不同领域的机构和专家合作,图书馆能够融合多元资源,为用户提供更全面、更专业的支持。这种创新理念不仅满足了用户的多元需求,也促进了知识的交流和创新。然而,在实施过程中需要解决沟通、协调、组织等问题,保障合作的顺利进行,实现跨界合作与跨学科咨询的最大价值。

基于图书馆信息咨询的服务创新旨在提供更便捷、个性化、教育性的服务,满足不同用户群体的需求。通过多渠道咨询、个性化建议、教育培训以及跨界合作等方式,图书馆可以更好地发挥信息咨询的作用,提升用户体验和满意度。然而,在实施过程中需要克服技术、隐私、培训等方面的挑战,不断优化服务,使之更好地适应时代的需求。

第三节 基于图书馆书目数据社会化应用的服务创新

基于图书馆书目数据社会化应用的服务创新是指利用社会化媒体和网络平台，将图书馆的书目数据与用户共享、交流和合作的创新方式。

1. 扩展信息传播渠道：传统上，图书馆的书目数据主要通过图书目录、图书馆网站等方式传播给用户。而基于社会化媒体的创新理念可以扩展信息传播渠道。通过在社交媒体平台上发布图书推荐、阅读心得、评价和评论等，图书馆可以直接与用户互动，将书目信息传播到更广泛的用户群体中。这种社会化传播不仅提高了书目数据的可见度，也增强了用户对图书馆的参与感和认知度。

扩展信息传播渠道是基于图书馆书目数据社会化应用的服务创新中的关键方向之一。传统的图书馆书目数据传播主要通过图书目录、图书馆网站等有限的平台进行，而社会化媒体的兴起为图书馆提供了更广泛、更直接的信息传播途径。

社交媒体平台如微博、微信等成为了人们日常交流、分享信息的重要场所。基于这些平台，图书馆可以将书目数据与用户共享，实现信息的全面传播。通过发布图书推荐、阅读心得、评论等内容，图书馆能够直接与用户互动，将书目信息传递给更广泛的受众。这样的社会化传播不受时间和地域的限制，使得用户可以随时随地获取图书馆的书目信息。

扩展信息传播渠道还有助于增强用户对图书馆的认知和参与感。用户在社交媒体上看到图书馆的推荐和分享，会更加关注图书馆的活动和资源。这种互动能够促进用户对图书馆的兴趣，让图书馆成为用户信息获取的首选平台。同时，社会化传播也使得图书馆的形象更加亲近和接地气，与用户建立起更加紧密的联系。

然而，扩展信息传播渠道也需要注意一些挑战。首先，不同社交媒体平台的特点和用户群体有所不同，图书馆需要根据实际情况选择合适的平台和内容形式。其次，社交媒体传播需要注意信息的准确性和真实性，防止虚假信息的传播。同时，图书馆需要建立良好的互动机制，及时回复用户的问题和反馈，保证用户体验。

综上所述，扩展信息传播渠道是基于图书馆书目数据社会化应用的重要策略。通过社交媒体平台，图书馆能够将书目信息传递给更广泛的用户群体，增强用户参与感和认知度。然而，在实施过程中需要注意选择合适的平台和内容形式，保障信息的准确性和用户体验，使信息传播能够真正发挥创新和价值。

2. 促进用户参与和共创：基于图书馆书目数据的社会化应用还可以促进用户的参与和共创。通过社交媒体平台，图书馆可以启动书目推荐活动、读书分享会等，鼓励用户分享自己的阅读体验和推荐书目。这种互动不仅促进了用户之间的交流，也使图书馆与用户之间建立了更紧密的联系，增强了用户的忠诚度和参与度。

3. 构建用户社群和网络平台：基于图书馆书目数据的社会化应用可以促进用户之间的社交和交流，形成用户社群和网络平台。通过建立讨论群组、阅读圈子等社交网络，在线举办读书分享会、书评比赛等活动，图书馆可以帮助用户建立共同兴趣爱好的社交圈子，促进信息交流和知识共享。这种社会化平台不仅为用户提供了一个交流和学习的空间，也有助于图书馆与用户之间的互动和合作。

促进用户参与和共创是基于图书馆书目数据社会化应用的重要方向，旨在通过社交媒体平台和网络互动，鼓励用户积极参与、分享阅读体验，并与图书馆共同创造价值。这一理念强调用户不再是被动的信息接收者，而是图书馆服务的积极参与者和合作伙伴。

通过社交媒体平台，图书馆可以发起各种阅读活动，如书目推荐、阅读心得分享、读书俱乐部等，吸引用户参与。用户可以在平台上分享自己的阅读体验、评价书目、交流读书感受。这种用户参与不仅促进了读者之间的互动和交流，也丰富了图书馆的服务内容。用户的声音和意见可以帮助图书馆更好地了解用户需求，调整服务策略，提升用户体验。

同时，促进用户共创也能够提升图书馆的服务质量和创新。用户不仅仅是信息消费者，还可以是信息创造者和贡献者。图书馆可以通过征集用户的书评、推荐书单、学术研究成果等，将用户的贡献整合到图书馆的服务中，为其他用户提供有价值的资源和信息。这种共创模式不仅丰富了图书馆的内容，也鼓励用户积极参与知识共享和合作。

然而，促进用户参与和共创也面临一些挑战。首先，如何吸引用户参与和保持持续的兴趣是一个问题。图书馆需要设计有趣、有价值的活动，满足用户的需求，激发他们的参与意愿。其次，用户生成的内容可能存在质量和真实性的问题，需要图书馆进行有效的管理和筛选。此外，促进用户共创还需要图书馆具备相应的技术支持，以便整合用户的贡献和创意。

综上所述，促进用户参与和共创是基于图书馆书目数据社会化应用的重要目标。通过社交媒体平台，图书馆可以激发用户的参与热情，鼓励他们分享阅读体验、交流观点，从而丰富图书馆的服务内容。同时，用户的共创也能够提升图书馆的服务质量和创新能力，为用户提供更具价值的资源和信息。然而，在实施过程中需要解决用户参与的动力、内容管理的问题，以及技术支持等挑战，确保用户参与和共创能够顺利推进，创造出更具活力和创新的图书馆服务。

基于图书馆书目数据的社会化应用也面临一些挑战。首先，用户生成的内容可能存在质量和准确性的问题，需要图书馆进行有效的监控和管理。其次，图书馆需要建立相应的社会化媒体管理机制，包括信息发布、用户互动、隐私保护等方面，以确保服务的质量和安全性。此外，社会化应用也需要图书馆具备一定的技术和人员支持，以保障平台的正常运行和维护。

综上所述，基于图书馆书目数据的社会化应用是图书馆服务创新的重要方向之一。通过扩展信息传播渠道、促进用户参与和共创，以及构建用户社群和网络平台，图书馆可以更好地满足用户的需求，提升用户体验和忠诚度。然而，在实施过程中需要解决内容质量、管理机制、技术支持等问题，以确保社会化应用能够真正发挥其创新和价值。

第四节　基于图书馆公共文化的服务创新

基于图书馆公共文化的服务创新旨在将图书馆定位为社区文化中心，为用户提供丰富多彩的文化活动和体验。

文化活动丰富多彩：图书馆可以通过举办文化讲座、艺术展览、音乐会等活动，为用户提供多样化的文化体验，拓展他们的文化视野。

社区文化交流：基于图书馆的服务创新可以成为社区文化交流的平台，让居民在这里交流分享各自的文化背景、传统和体验。

传统文化传承：图书馆可以举办传统文化体验活动，如书法、民乐等工作坊，促进传统文化的传承和发展。

多元文化融合：基于图书馆的公共文化服务创新可以鼓励不同文化群体之间的交流和融合，提升社区文化多元性。

亲子教育活动：图书馆可以开展亲子阅读、手工制作等活动，促进家庭亲子关系的增进，培养下一代的文化兴趣。

社会参与和活动合作：图书馆可以与社会机构、文化团体合作，举办合作活动，共同推动社区文化的繁荣。

创意艺术推动： 图书馆可以为艺术家提供展示平台，推动创意艺术的发展，为社区带来新鲜的文化氛围。

文化素质提升： 基于图书馆的公共文化服务创新可以通过举办讲座、展览等提升居民的文化素质和审美能力。

文化活动参与者： 图书馆可以鼓励居民参与文化活动的策划与组织，让居民成为文化活动的参与者和创造者。

社区文化特色建设： 基于图书馆的服务创新可以促进社区文化特色的建设，形成独具特色的社区文化氛围。

然而，基于图书馆公共文化的服务创新也面临一些挑战。例如，如何吸引更多居民参与文化活动，如何保障活动的质量和效果，以及如何兼顾不同文化群体的需求等问题都需要仔细考虑和解决。同时，也需要图书馆具备一定的资源和组织能力，以确保文化活动的顺利进行和可持续发展。

基于图书馆公共文化的服务创新是图书馆与社区之间密切联系的体现，为社区居民提供丰富多彩的文化体验和交流平台。通过各种活动，图书馆可以促进社区文化的传承、融合和发展，为社区的文化建设和发展做出积极贡献。然而，在实施过程中需要克服各种挑战，保障服务的质量和效果。

小结概述

在新媒体时代，图书馆服务正经历着深刻的创新变革，以适应信息社会的快速发展和用户需求的多样化。这种创新涵盖了多个方面，其中包括图书馆服务理念的创新、基于图书馆信息咨询的服务创新、基于图书馆书目数据社会化应用的服务创新，以及基于图书馆公共文化的服务创新。这些创新不仅改变了图书馆的服务方式，也为用户提供了更为丰富、便捷、多元化的服务体验。

首先，图书馆服务理念的创新着眼于用户需求的核心，将用户体验置于优先位置。传统上，图书馆以馆藏资源为中心，而现在的创新理念更注重满足用户的个性化需求。图书馆积极采用多元化的服务手段，通过在线咨询、个性化推荐等方式，为用户提供定制化、专业化的服务，使用户感受到更多关怀和便利。

其次，基于图书馆信息咨询的服务创新突破了传统咨询的局限，借助新媒体平台实现了多渠道、多形式的咨询服务。图书馆通过社交媒体、在线聊天等手段，实现了实时、便捷的咨询体验，为用户提供了更为灵活的信息获取途径。同时，教育性咨询和信息素养培训也成为图书馆的重要使命，提升用户的信息素养和自主获取信息的能力。

第三，基于图书馆书目数据社会化应用的服务创新将用户参与和共创引入图书馆的服务体系。社会化媒体平台成为用户分享阅读体验、互动交流的重要场所。图书馆利用这些平台，举办阅读活动、推荐书目、促进用户之间的互动，实现了用户的参与和共创。用户不再只是信息的接收者，还成为文化创意的贡献者，共同构建丰富多彩的图书馆社区。

最后，基于图书馆公共文化的服务创新强调了图书馆作为文化中心的角色。图书馆不仅提供书籍，还承载了丰富的文化活动。通过举办讲座、展览、音乐会等，图书馆为用户创造了广泛的文化体验和交流机会，促进了社区文化的多元发展。

综合而言，新媒体时代的图书馆服务创新在不同方面均取得了显著成就。图书馆服务理念的创新、基于图书馆信息咨询的服务创新、基于图书馆书目数据社会化应用的服务创新，以及基于图书馆公共文化的服务创新，共同构成了一个多层次、多维度的服务体系，充分满足了用户多样化的需求。这些创新的实施不仅为用户提供了更好的服务体验，也增强了图书馆在社区中的影响力和地位。未来，随着科技的不断发展和社会需求的不断变化，图书馆将继续不断创新，为用户提供更加多样、便捷和高品质的服务，成为信息社会中不可或缺的重要组成部分。

第十一章　新媒体时代图书馆管理创新研究

在新媒体时代，图书馆管理正经历着深刻的创新变革，以适应信息技术的快速发展和用户需求的多元化。这种管理创新涵盖了多个方面，涉及组织结构、服务模式、技术应用等多个层面，旨在提升图书馆的效率、服务质量和用户体验。

首先，图书馆管理创新注重了组织结构的灵活性和适应性。传统的图书馆管理通常呈现出较为刚性的组织结构，而在新媒体时代，图书馆倾向于采用更为扁平、灵活的组织模式，以更好地应对信息技术的快速变化和用户需求的多样化。此举有助于加强内部协作，提高决策的效率，使图书馆更具创新和应变能力。

其次，图书馆管理创新强调了服务模式的变革。传统图书馆以收藏与借阅为核心，而新媒体时代的管理创新将服务模式扩展为多元化、多层次的体验。图书馆通过数字资源、在线咨询、个性化推荐等方式，提供更便捷、全面的服务。用户可以随时随地获取信息，享受定制化的服务体验，从而增强了图书馆的用户吸引力和影响力。

第三，技术应用是新媒体时代图书馆管理创新的重要方向。数字化、自动化技术的应用使得图书馆的运营更加高效。图书馆管理系统的引入使得藏书、借还、查询等流程实现了数字化，节省了人力和时间成本。同时，大数据分析和人工智能技术的应用也为图书馆提供了更好的用户需求预测、服务优化等能力，有助于提升用户体验和满意度。

此外，新媒体时代的图书馆管理创新还注重了与社会的互动和合作。图书馆通过社交媒体、在线互动平台等与用户进行沟通，了解用户需求，调整服务策略。同时，与教育机构、文化机构、企业等合作，举办文化活动、培训课程等，不仅提升了图书馆的社会影响力，也满足了社会多元化需求。

然而，在新媒体时代的图书馆管理创新中也面临一些挑战。技术更新换代迅速，图书馆需要不断跟进和适应新技术，确保其持续发挥作用。同时，随着信息数量的增加，信息安全和隐私保护也成为管理创新中需要重点关注的问题。

综合而言，新媒体时代图书馆管理创新是为了更好地满足信息社会的需求，提升服务质量和用户体验。通过灵活的组织结构、多元化的服务模式、技术的应用以及与社会的合作，图书馆在管理方面实现了多方面的创新和优化。然而，在实施过程中需要克服技术更新、信息安全等问题，确保管理创新能够顺利实施，为用户提供更加优质、便捷的图书馆服务。

第一节 图书馆管理创新理念

图书馆管理创新理念是在不断变革的信息时代，为适应用户需求、提升服务质量和效率，以及实现图书馆自身可持续发展而引入的新思维和方法。这一理念强调了从传统的资源管理到用户体验、从单一的服务提供到多元化的服务模式的转变。图书馆管理创新理念的引入，不仅让图书馆在数字化和信息化浪潮中保持活力，还使其在社会中扮演更加重要的角色。

首先，图书馆管理创新理念突破了传统资源中心的框架，将用户置于服务的核心。传统图书馆以馆藏资源为主要关注点，而现在的管理创新理念将用户需求、体验和参与放在首位。图书馆积极探索用户的信息需求，通过数字化技术，提供个性化的服务，从而更好地满足用户多样化的需求。

其次，管理创新理念强调了服务模式的多元化。传统图书馆的服务主要集中在书籍的收藏和借阅，而现在的创新理念将服务模式拓展为多样化、全方位的服务。图书馆不仅提供数字化资源，还通过在线咨询、个性化推荐、互动活动等方式，为用户提供更多元、便捷的服务体验。

第三，管理创新理念注重技术应用在服务中的作用。数字化、人工智能、大数据等技术被广泛应用于图书馆管理中，提升了管理的效率和服务的质量。数字化的馆藏管理系统、自助借还机、智能推荐系统等，为用户提供了更快捷、更智能的服务。

此外，图书馆管理创新理念鼓励与社会各界合作，建立更紧密的合作网络。图书馆与教育机构、文化机构、社区组织、企业等开展合作，举办文化活动、培训课程，拓展了服务的范围，也丰富了用户的体验。

然而，在图书馆管理创新理念的实施中也面临一些挑战。技术的更新换代使得图书馆需要不断跟进和适应，同时需要处理好数字化和人文化的平衡。随着信息的爆炸增长，如何处理信息过载、提供有价值的信息也是一个亟待解决的问题。

综合而言，图书馆管理创新理念在不断变革的信息社会中具有重要意义。它使图书馆从传统资源的管理向用户的需求和体验转变，将服务模式拓展为多元化、数字化的形式，通过技术的应用提升服务质量。同时，图书馆也不断与社会合作，成为社区文化的重要组成部分。尽管管理创新理念的实施面临诸多挑战，但它为图书馆保持创新能力、提供更好服务、保持社会影响力指明了前进的方向。未来，图书馆将继续秉持这一理念，不断调整、优化管理方式，为用户提供更为便捷、多元、贴近生活的服务，成为信息时代的重要知识和文化中心。

第二节　宏观视域下的图书馆管理创新研究

宏观视域下的图书馆管理创新研究意味着将图书馆的管理问题放在更大的社会、经济、技术背景下进行分析和研究，以深化我们对图书馆管理创新的理解。这种研究透视，不仅关注图书馆本身的内部变革，更将其置于整个社会变革的大背景中，从而更全面、更深刻地认识图书馆在管理创新中的作用和意义。

首先，宏观视域下的图书馆管理创新研究关注图书馆在数字化浪潮中的角色。随着信息技术的飞速发展，数字化已经深刻改变了人们的生活方式和信息获取途径。图书馆不再只是纸质藏书的保管者，而是数字信息的承载者。它需要适应数字化环境，提供在线资源、数字化服务，满足用户在虚拟世界中的需求。

其次，宏观视域下的图书馆管理创新研究考虑到社会多元化和多样性的影响。现代社会面临着多元文化的碰撞和多样化的需求。图书馆作为知识和文化的传播者，需要提供适应不同文化、不同需求的服务。它不仅要收集和传播主流文化，也要关注少数群体的需求，促进文化的融合和交流。

第三，宏观视域下的图书馆管理创新研究将图书馆的发展置于社会经济背景之中。经济的全球化和社会的快速变革对图书馆提出了新的挑战。如何在紧缩的预算下提供更好的服务，如何适应产业结构的调整，如何为人才培养提供更好的支持，都是图书馆管理创新亟待解决的问题。

此外，宏观视域下的图书馆管理创新研究关注技术对图书馆管理的影响。人工智能、大数据、区块链等新兴技术正在重塑社会的各个领域，也对图书馆的管理提出了新的要求。图书馆需要深入研究这些技术的应用，探索如何更好地利用它们来提升管理效率、优化服务。

然而，在宏观视域下的图书馆管理创新研究中也存在挑战。首先，图书馆必须充分理解社会变革的趋势，把握未来发展的方向，避免被时代所淘汰。其次，图书馆在管理创新中需要平衡各种利益，包括用户利益、社会利益、自身可持续发展等。如何平衡这些利益，确保创新不仅是表面的，而是能够为整个社会创造更大价值，是一个需要深思熟虑的问题。

综合而言，宏观视域下的图书馆管理创新研究为我们提供了更广阔的思考空间。它将图书馆的管理创新放在整个社会变革的大框架下，探索图书馆如何适应数字化、多元化、社会变革的趋势，提升服务质量、拓展功能，为社会和人们的知识需求提供更好的支持。尽管面临一系列挑战，如社会变革的复杂性、技术的快速更新等，但它为图书馆在管理创新中把握时代机遇、克服困难提供了有益的思路和方法。未来，图书馆应继续在宏观视域下进行深入研究，实现创新管理，为社会进步和人类文明的发展做出更大贡献。

第三节 微观视域下的图书馆管理创新研究

微观视域下的图书馆管理创新研究是将图书馆的管理问题从内部运营、服务模式等微观角度进行分析和研究，旨在深化我们对图书馆内部变革的认识，探索如何通过创新管理方法和策略，提升服务质量、效率和用户体验。这种研究视角强调了图书馆的内部变革和优化，从而更好地适应信息社会的需求和发展。

首先，微观视域下的图书馆管理创新研究关注了图书馆的内部运营和组织结构。传统图书馆通常以馆藏资源为核心，而管理创新强调从资源中心向用户中心的转变。图书馆通过优化馆藏管理流程、改善内部协作和沟通机制，提升服务效率，使用户能够更便捷地获取所需信息。

其次，微观视域下的图书馆管理创新研究将关注点投向服务模式的创新。图书馆的服务不再局限于传统的借阅、还书功能，而是将服务拓展为多样化、个性化的形式。通过数字资源、在线咨询、虚拟展览等方式，图书馆为用户提供更灵活、多元的服务体验，满足用户多样化的信息需求。

第三，微观视域下的图书馆管理创新研究注重技术应用在服务中的角色。数字化、自动化、人工智能等技术的应用，使得图书馆能够更好地管理和提供服务。数字化的管理系统、智能推荐算法等，提升了服务的精准度和效率，为用户提供更高质量的服务体验。

此外，微观视域下的图书馆管理创新研究强调人才培养和团队建设。图书馆的管理创新需要有具有创新思维和实践经验的团队。图书馆要为员工提供持续的培训和发展机会，以提升他们的专业素养和管理能力，进而推动图书馆管理的创新。

然而，在微观视域下的图书馆管理创新研究中也存在一些挑战。首先，如何平衡资源的利用效率和服务质量，以及如何在创新过程中保持稳定运营，都是需要深思熟虑的问题。其次，如何更好地与用户进行互动和反馈，确保创新方向符合用户的需求，也是一个需要解决的难题。

综合而言，微观视域下的图书馆管理创新研究关注图书馆内部运营和服务模式的变革，通过优化内部流程、拓展服务形式，提升服务效率和用户体验。技术的应用和人才培养也是这一研究视域下的重要议题。尽管面临一系列挑战，如资源平衡、服务质量保障等，但微观视域的管理创新研究为图书馆提供了优化管理、提升服务质量的路径和方法。未来，图书馆应继续在微观视域下深入研究，通过创新管理，实现更好的用户满意度，推动图书馆服务向更高层次发展。

第四节　数字图书馆与图书馆管理创新研究

数字图书馆与图书馆管理创新研究是在信息时代背景下对图书馆服务和管理进行深入探讨的重要领域。数字化的发展和技术的进步正在深刻地改变着图书馆的面貌，而图书馆管理创新则是为了更好地适应这一变革，提升服务质量、效率和用户体验。这一领域的研究旨在挖掘数字技术在图书馆领域的潜力，探索创新的管理方法和策略，以应对信息时代的挑战和机遇。

首先，数字图书馆研究关注数字化对图书馆资源和服务的影响。数字化技术使得图书馆能够将馆藏资源数字化存储和传播，从而实现资源的共享和全球范围内的访问。数字图书馆通过数字化文献库、在线数据库等方式，为用户提供了更便捷、高效的信息获取渠道，促进了知识的传播和学术研究的进展。

其次，数字图书馆研究关注数字技术在图书馆服务中的应用。图书馆通过数字化技术，提供在线借阅、数字资源检索、虚拟导览等服务，使用户能够在任何时间、任何地点获取所需信息。数字技术还支持图书馆举办线上培训、网络讲座、虚拟展览等活动，为用户创造更多元、更丰富的文化体验。

第三，图书馆管理创新研究关注数字化背景下的管理方法和策略。传统的图书馆管理面临着信息量不断增加、用户需求多样化等挑战，而图书馆管理创新旨在通过数字技术的运用，优化管理流程、提升服务质量。数字化的馆藏管理系统、数据分析工具等，为图书馆管理提供了更高效、更智能的手段，使馆藏资源能够更好地满足用户需求。

此外，数字图书馆与图书馆管理创新研究还强调数字素养的培养。随着信息技术的不断发展，用户需要具备一定的数字素养才能更好地利用图书馆的资源和服务。图书馆通过开设数字素养培训课程、推广信息检索技能，提高用户的信息素养，增强其获取、评估和利用信息的能力。

然而，在数字图书馆与图书馆管理创新研究中也存在一些挑战。首先，数字化带来的信息过载使得图书馆需要更好地筛选、整合和呈现信息，以确保用户能够获得有价值的内容。其次，数字技术的快速更新也要求图书馆不断跟进学习和应用新的技术，以确保服务的质量和创新。

综合而言，数字图书馆与图书馆管理创新研究是为了更好地应对信息时代的挑战和机遇。数字化技术的应用为图书馆提供了更多的可能性，使得图书馆能够更便捷、更智能地提供服务。图书馆管理创新则是为了更好地优化资源、提升效率、满足用户需求。

小结概述

新媒体时代图书馆管理创新研究囊括了多个重要方面，旨在适应信息社会的快速发展和数字化浪潮的冲击，探索如何通过创新管理理念、跳出不同的视角、整合数字化技术等手段，为用户提供更优质、多元、便捷的服务。这一研究领域的发展不仅在推动图书馆自身的发展，也在为整个社会提供了更便利、更智能的知识资源和文化体验。

首先，图书馆管理创新理念是新媒体时代图书馆研究的核心，旨在引领图书馆由传统资源管理向用户体验、服务创新的转变。这一理念强调了图书馆要以用户为中心，注重服务质量、创新方法和社会责任。通过设立创新思维的导向，图书馆能够更好地适应不断变化的信息需求，同时保持与社会接轨，提升其影响力和社会地位。

其次，宏观视域下的图书馆管理创新研究将图书馆的管理问题放置于更大的社会、经济、技术环境之中进行探讨。图书馆作为社会的文化和知识中心，其管理创新需要与整体社会发展相协调。这种研究视角考虑了图书馆在数字化浪潮中的角色、多元文化的影响、社会经济变革的挑战等方面，有助于使图书馆管理更具前瞻性和战略性。

第三，微观视域下的图书馆管理创新研究聚焦于图书馆内部运营和服务模式的变革。这一研究方向着眼于优化内部流程、提升服务质量、推动创新服务形式等，通过技术的应用、人才的培养和团队的协作，为用户提供更多元、更贴心的服务体验。微观视域的研究为图书馆提供了具体的操作层面的改进策略。

最后，数字图书馆与图书馆管理创新研究则将焦点放在数字化技术在图书馆服务和管理中的应用。数字化的发展和技术的进步为图书馆带来了巨大的机遇和挑战。通过数字化技术，图书馆能够更好地管理馆藏资源、提供多元化的服务，同时也需要处理信息过载、数字素养培养等问题。这一研究方向关注技术在图书馆中的实际应用，为图书馆提供了更多创新路径。

综合而言，新媒体时代图书馆管理创新研究在多个方面展开，从管理理念、宏观视角、微观视角到数字化技术的应用，全面深入地探讨了图书馆在信息时代如何创新管理。这些研究不仅在推动图书馆服务质量和效率的提升，也在为整个社会的信息获取、文化传播和知识交流提供了更广阔的平台。未来，随着信息时代的不断发展，图书馆管理创新研究将持续探索新的领域，为图书馆在新媒体时代的可持续发展提供更多有益的启示和策略。

参考文献

[1]付立宏，袁琳，图书馆管理学[M]．武汉：武汉大学出版社，2018．

[2]霍瑞娟，基层图书馆管理与服务[M].北京：北京师范大学出版社，2018.

[3]李松妹，现代图书馆管理概论[M].北京：北京图书馆出版社，2007.

[4]阮光册，杨飞，公共图书馆管理与服务[M].上海：上海科学技术文献出版社，2015．

[5]于瑛，现代图书馆管理体系研究[M].哈尔滨：东北林业大学出版社，2016.

[6]谢银铭，新时代背景下中学图书馆研究[M].吉林：吉林出版集团股份有限公司，2021．

[7]黄如花，肖希明，数字信息时代的图书馆管理[M].武汉：武汉大学出版社，2023．

[8]李科萱，图书馆管理与信息服务[M].北京：光明日报出版社，2020．

[9]刘春节，现代图书馆管理创新研究[M].北京：中国财富出版社，2021．

[10]王世伟，图书馆管理与服务论丛[M].上海：上海社会科学院出版社，2004．